머신러닝 동키카 체험하고 자율주행 RC카 코딩하며 인공지능 배우기

인공지능 자율주행 RC카
체험하고 코딩하기
with 라즈베리파이

들기 | 동키카 체험 | RC카 체험과 코딩 | 인공지능 학습 | 자율주행

인공지능 자율주행 RC카 체험하고 코딩하기
with 라즈베리파이

초판 1쇄 발행 | 2022년 04월 05일

지은이 | 서민우
펴낸이 | 김병성
펴낸곳 | 앤써북

출판사 등록번호 | 제 382-2012-0007 호
주소 | 파주시 탄현면 방촌로 548
전화 | 070-8877-4177
FAX | 031-942-9852
도서문의 | 앤써북 http://answerbook.co.kr

ISBN | 979-11-85553-95-5 13000

Preface

머리말

지난 2020년 처음으로 5개 대학에서 신설된 인공지능관련학과는 2021년 42개 대학에 추가로 신설되어 2022년에는 인공지능관련학과를 가진 대학이 총 48개에 이르게 됩니다. 거기에 더해 인공지능 관련된 수업이 고등학교, 중학교, 초등학교까지 도입되고 있습니다. 이러한 추세는 인공지능의 중요성과 미래 수요를 충분히 설명하고도 남습니다. 반면 인공지능에 대한 교육체계는 아직도 명확하게 잡혀있지 않습니다. 필자는 2021년 12월에 고등학교 정보 선생님들을 대상으로 인공지능 관련 세미나를 하던 도중에 교육현장의 요구가 무엇인지를 듣게 되었습니다. 필자의 판단으로 현장에서는 짧은 시간에 인공지능과 관련된 재미있는 체험 형태의 교육이 필요하다고 느꼈으며, 그래서 이 책을 준비하게 되었습니다. 독자 여러분은 이 책을 통해 인공지능 자율주행을 짧은 시간에 체험할 수 있으며 원한다면 인공지능 자율주행 자동차의 내부를 직접 코딩하며 인공지능과 관련된 공부를 심도있게 수행할 수 있습니다.

이 책은 크게 인공지능 자율주행 자동차 체험하기와 인공지능 자율주행 자동차 코딩하기로 구성됩니다.

Chapter 01 에서는 자율주행 자동차에 대해 알아보고 딥러닝 기반의 인공지능 자율주행 RC카인 동키카를 시뮬레이터를 통해 체험해 봅니다. 이 과정에서 인공지능 학습의 전체적인 흐름을 이해해 봅니다.

Chapter 02 에서는 인공지능 자율주행 RC카 개발 환경을 구성하고 직접 제작한 RC카를 이용하여 인공지능 자율주행 RC카 체험을 해 봅니다. RC카와 카메라를 이용하여 데이터를 수집하고, 수집한 데이터를 CNN 인공 신경망을 통해 학습시키고, 학습된 CNN 인공 신경망을 이용하여 자율주행을 수행하는 단계로 체험해 봅니다.

Chapter 03 에서는 자율주행 RC카 구동을 위해 필요한 라즈베리파이 파이썬 패키지의 사용법을 익혀봅니다. 먼저 디버깅을 위한 print 함수를 살펴보고, 다음으로 모터 제어를 위한 GPIO와 PWM의 원리를 공부하여 DC 모터를 제어해 봅니다. 또, 인공지능 학습시 필요한 라벨 데이터를 생성할 라인트레이서 센서를 공부합니다. 마지막으로 프로그램이 원활하게 돌아가게 하기 위해 쓰레드와 메시지 큐에 대해 공부합니다.

Chapter 04 에서는 인공지능 자율주행 RC카를 구성하는 카메라 동영상 송수신, WiFi 통신, 인공지능 관련된 소스를 하나하나 살펴보면서 그 원리를 이해하고 응용할 수 있도록 합니다. 구체적으로 TCP/IP 네트워크 통신을 공부하고, 통신을 이용하여 카메라 영상과 센서 데이터를 주고 받아봅니다. 통신을 통해 수집한 영상과 센서 데이터를 이용하여 CNN 인공 신경망 학습을 수행하고 학습된 CNN 인공 신경망을 이용하여 자율주행을 수행해 봅니다.

부록에서는 파이썬 조이스틱 프로그램을 구현하고 조이스틱 프로그램을 이용하여 RC카를 조종하고 데이터를 수집하는 방법을 소개합니다.

필자의 경험으로 자동차는 인공지능을 학습하기에 아주 좋은 조건을 제공합니다. 인공지능 학습에 필요한 데이터 수집이 용이하기 때문입니다. 예를 들어, 이 책에서는 RC카를 5분 정도 주행하여 4000장의 사진 데이터를 모아줍니다. 4000장의 데이터를 독자 여러분이 직접 모으려면 많은 노력이 필요할 것입니다. 또, RC카 자제가 학습에 흥미를 더해주는 요소가 되어 인공지능을 공부하는데 재미를 더해줍니다. 독자 여러분이 이 책을 통해 재미있게 인공지능을 체험하고 공부하기를 바랍니다.

저자 **서민우**

Reader Support Center

독자 지원 센터

독자 지원 센터는 이 책을 보는데 필요한 책 소스 파일, 프로젝트 파일, 독자 문의 등 책을 보는데 필요한 사항을 지원합니다.

책 소스 및 프로젝트 파일

이 책과 관련된 실습 소스 및 프로젝트 파일은 앤써북 카페(http://answerbook.co.kr)의 [도서별 독자 지원 센터]–[AI 인공지능 자율주행 체험하기 with 라즈베리 파이] 게시판을 클릭합니다. 번 [공지] 글 《〈AI 인공지능 자율주행 체험하기 with 라즈베리 파이]_책 소스 다운로드〉》 게시글을 클릭한 후 안내에 따라 다운로드 받으시면 됩니다.

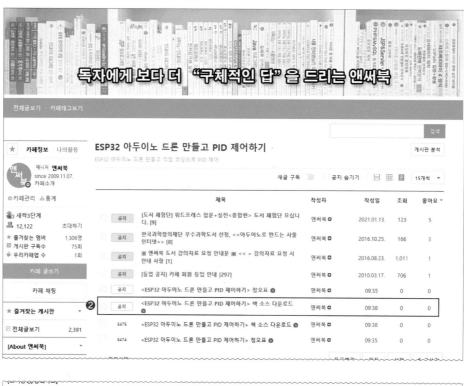

궁금한 내용 문의하기

책을 보면서 궁금한 내용은 앤써북 카페(http://answerbook.co.kr)의 [도서별 독자 지원 센터]–[AI 인공지능 자율주행 체험하기 with 라즈베리 파이] 게시판을 클릭합니다.

우측 아래의 [글쓰기] 버튼을 클릭한 후 제목에 다음과 같이 "[문의] 페이지 수, 질문 제목"을 입력하고 궁금한 사항은 아래에 작성 후 [등록] 버튼을 클릭하여 등록합니다.

등록된 질의글은 저자님께서 최대한 빠른 시간에 답변드릴 수 있도록 안내합니다.

Hands-on supplies

이 책의 실습 준비물

다음은 코코랩스에서 판매하는 인공지능 자율주행 RC카 키트입니다. 반 완제품을 이용하면, 필요한 부품이 모두 준비되어 있기 때문에 바로 인공지능 자율주행 RC카를 제작한 후, 인공지능 자율주행 기능을 위한 프로그램 작성에 집중할 수 있는 장점이 있습니다. 키트는 크게 전자부품과 레고부품으로 구분되며 필요한 부품은 다음과 같습니다.

전자부품

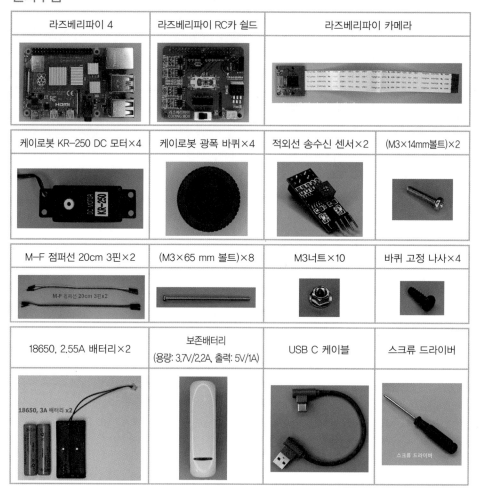

레고부품

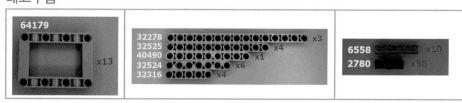

다음은 이 키트를 이용하여 완성한 인공지능 자율주행 RC카의 모양입니다.

인공지능 자율주행 RC카 키트 부품 구성 및 구매에 관한 자세한 사항은 다음 사이트를 참조합니다.

▶ 구매처 : 코코랩스 http://www.kocolabs.co.kr/
▶ 키트명 : 인공지능 자율주행 RC카

Contents

목차

CHAPTER 02 인공지능 자율주행 자동차 체험하기 2

Contents

목차

CHAPTER 03 인공지능 자율주행 자동차 코딩하기 1

Contents

목차

CHAPTER **04** 인공지능 자율주행 자동차 코딩하기 2

APPENDIX **00** # 조이스틱으로 RC카 조종하기

인공지능 자율주행 자동차
체험하기 1

이번 장에서는 자율주행 자동차에 대해 알아보고 딥러닝 기반의 인공지능 자율주행 RC카인 동키카를 시뮬레이터를 통해 체험해 봅니다. 이 과정에서 인공지능 학습의 전체적인 흐름을 이해해 봅니다.

01_ 자율주행 자동차의 이해

자율주행 자동차란 운전자가 가만히 있어도 자동차 스스로 도로의 상황을 파악해 자동으로 주행하는 차를 말합니다. 즉, 운전자가 브레이크, 핸들, 가속 페달 등을 제어하지 않아도 자동차 스스로 판단과 제어를 하는 자동차를 의미합니다. 현재 테슬라, 구글, 현대, 기아자동차 등의 회사는 실제 도로상에서 달릴 수 있는 자율주행 자동차를 만들어 가고 있습니다. 많은 전문가들은 향후 5년 이내에 도시에서 달리는 완전 자율주행 차가 나올 것이라고 예측합니다. 그리고 30년 이내에 거의 대부분의 자동차들이 완전 자율주행을 하게 될 것이라고 예측합니다. 이 회사들이 사용하는 기술을 이용하여 독자 여러분이 자신의 자율주행 차를 만들 수 있다면 어떤 느낌이 들까요? 이 책에서는 아두이노와 파이썬을 이용하여 동키카 기반 딥러닝 기반 자율주행 자동차를 만드는 방법을 소개합니다. 독자 여러분은 여러분의 자동차가 차선을 인식하여 따라가는 것을 하루만에 체험하게 될 것입니다. 또 신호등과 도로상에 있는 사람들을 인식하고 반응하는 기능을 추가할 수 있을 것입니다.

◆ 출처 _ DONKEY CAR

01_1 자율주행 자동차 기술

자율주행 자동차가 실현되기 위해서는 이미 개발했거나 앞으로 개발해야 할 스마트 기술들의 결합이 필요합니다. 그 기술들은 센서(인지), 매핑(비교), 인식 판단(해석), 통신(명령) 등과 같은 기술들입니다. 여기서 센서는 사람의 눈과 귀를 대신해 주변 환경을 정확히 인지할 수 있도록 도와주는 카메라, 레이더, 라이다, 전방 감지 센서 등으로 이뤄집니다. 또, 이를 통해 수집된 데이터가 거리, 도로 상황 등을 점과 선의 좌표로 나타내는 매핑(비교)이 되면, 각종 센서를 통해 수집된 데이터를 해석, 조향, 가속, 감속, 정지 등의 상황에 따라 적합한 운행을 하게 됩니다.

이러한 자율주행 자동차가 스스로 주행하려면 ❶ 주변 환경 인지 ❷ 주행 도로 판단과 선정 ❸ 안전한 기능 제어 등 세 가지 기능이 꼭 있어야 합니다. 인공지능의 딥러닝 기술은 이 세 가지 기능 모두에 활용될 수 있으며 실제로 자율주행 자동차의 인지·판단·제어 기능 향상에 딥러닝을 적용하는 연구가 활발하게 진행되고 있습니다. 다음은 CNN 인공 신경망을 나타내는 그림입니다.

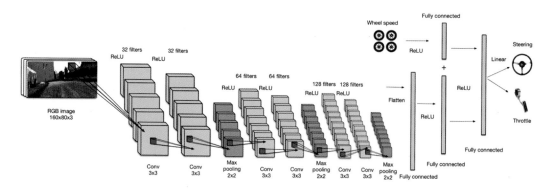

다음은 미국 도로교통안전국(NHTSA, National Highway Traffic Safety Agency)의 자율주행 기술 발전 단계를 나타냅니다.

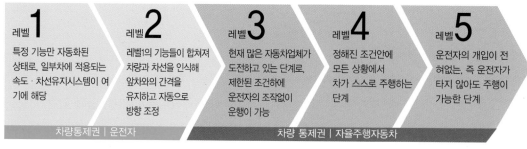

◆ 자율주행자동차의 기술 수준 5단계

미국 도로교통안전국(NHTSA, National Highway Traffic Safety Agency)의 차량 자율화 수준 구분에 따르면 현재 자율주행 자동차 수준은 2~3단계로, 아직까진 '완전 자율주행 자동차 수준'인 4단계에 미치지 못합니다.

01_2 자율주행 자동차와 모터

구글, 애플, LG, 삼성과 같은 IT 업체들은 어떻게 자율주행 자동차 시장에 뛰어들 수 있었을까요? 기존 내연 기관 자동차의 주동력 발생 장치는 '엔진(engine)'으로 엔진은 기계공학 기술의 꽃이라 불릴 정도로 정교한 기술을 바탕으로 작동합니다. 세계 유수의 자동차 메이커들은 자체 엔진 기술을 보유하고 있으며, 기술을 보유하지 않은 기업들은 자동차 시장 진입이 어려운 구조입니다. 하지만 전기자동차는 엔진 대신 모터가 그 역할을 대신합니다. 다음은 테슬라 모델 S 자동차 차체에 장작된 모터를 보여주는 그림입니다.

◆ 테슬라 모델 S   ◆ 테슬라 모터 제어기

다음은 완구형 RC카입니다. 이 RC카에는 주행을 위한 DC 모터, 조향을 위한 서보모터가 있습니다.

전기자동차와 자율주행 자동차가 도래하면서 IT기업들은 다양한 자동차 관련 기술 개발에 참여할 수 있게 되었습니다.

01_3 인공지능 자율주행 RC카 살펴보기

여기서는 재미있게 체험할 수 있는 딥러닝 기반의 인공지능 자율주행 RC카를 살펴봅니다. 딥러닝 기반의 인공지능 자율주행 RC카는 DonkeyCar(동키카), DeepPiCar(딥파이카), DeepRacer(딥레이서)와 같은 것들이 있습니다.

DonkeyCar(동키카)

동키카는 소형 자동차를 위한 오픈 소스 기반의 DIY 자율주행 플랫폼입니다. 동키카는 RC CAR, 라즈베리파이, 파이썬으로 구성됩니다. 다음은 동키카를 나타내는 그림입니다.

동키카는 다음과 같은 형태의 CNN 인공 신경망으로 학습시키고 자율주행을 수행합니다.

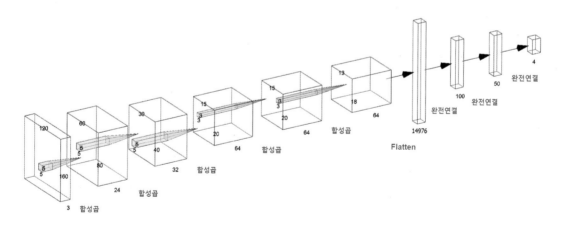

다음 그림은 동키카를 학습시키는 과정을 나타냅니다.

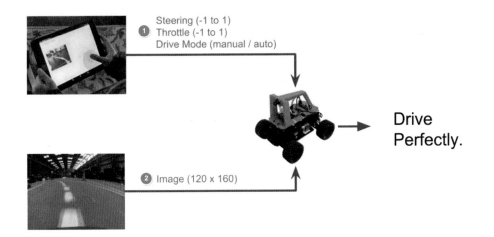

Steering (-1 to 1)
① Throttle (-1 to 1)
Drive Mode (manual / auto)

② Image (120 x 160)

Drive
Perfectly.

동키카 학습에는 사용자가 주행 방법을 알려주는 지도학습이 사용됩니다. ❶ 사용자는 Drive Mode를 manual로 설정한 후, 동키카를 원격 조종합니다. 이 과정에서 조향과 속도를 조절하게 됩니다. 조향과 속도는 각각 −1에서 1사이의 값으로 조절하게 됩니다. 동키카는 주행을 수행하면서 ❷ Image를 수집합니다. 동키카에서 수집하는 Image의 크기는 120x160의 RGB 이미지입니다. 이 과정에서 (Steering, Throttle, Image) 데이터가 수집됩니다. 평균적으로 초당 20개의 데이터를 수집하게 됩니다. 트랙을 3바퀴 정도 돌면 학습을 수행할 수 있는 적당한 양의 데이터가 수집됩니다. 이렇게 수집한 데이터를 CNN 인공 신경망에 적용하여 학습을 수행합니다. 학습이 끝나면 학습된 CNN 인공 신경망이 만들어지게 되며, 이 신경망을 이용하여 자율주행을 수행하게 됩니다. 자율주행 수행은 Drive Mode를 auto로 설정하여 수행합니다.

DeepPiCar(딥파이카)

딥파이카는 동키카와 같이 라즈베리파이, 텐서플로우 기반의 자율주행 자동차입니다. 다음은 딥파이카를 나타내는 그림입니다.

딥파이카는 다음과 같은 형태의 CNN 인공 신경망으로 학습시키고 자율주행을 수행합니다.

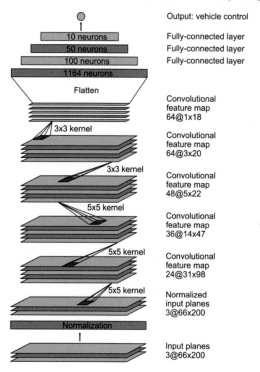

이 인공 신경망은 NVIDIA 사에서 구성한 CNN 신경망으로 9개의 층으로 구성됩니다. 구체적으로 1개의 평활화 층, 5개의 합성곱 층, 3개의 연결층으로 구성됩니다. 이 신경망은 실제로 동키카에서 사용하는 신경망의 구조와 거의 같습니다. 다음은 학습이 끝난 후, 예측을 수행할 때 사용하는 USB 모듈로 구글에서 만든 인공지능 모듈입니다. 이 모듈의 이름은 Google's Edge TPU입니다.

이 모듈을 라즈베리파이에 장착하여 사용하면 이미지 예측시 속도가 빨라지게 됩니다.

DeepRacer(딥레이서)

딥레이서는 아마존에서 클라우드 서비스를 활성화하기 위해 만든 인텔 아톰 프로세서 기반의 자율주행 자동차입니다. 다음은 딥레이서를 나타내는 그림입니다.

딥레이서는 강화학습 기반의 자동차로 학습은 시행착오를 통해 수행됩니다. 강화학습은 신경망 학습시 라벨을 입력으로 사용하는 것이 아니라 시행착오를 통해 오는 보상을 입력으로 사용합니다. 그리고 학습은 시행착오를 거치면서 동시에 수행됩니다.

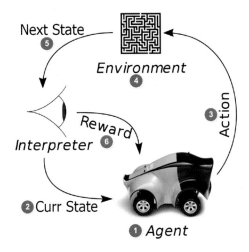

❶ Agent(딥레이서)는 ❷ 현재 상태에서 ❸ 동작을 수행합니다. 그러면 ❹ 주변 환경은 ❺ 다음 상태로 이동하며 동시에 ❻ 보상을 Agent에게 주게 됩니다. 이 과정에서 Agent는 현재 상태에서 수행한 동작에 대한 보상과 다음 상태를 알게 됩니다. 이 과정을 반복해 나가면 Agent는 어떤 상태에서 어떤 동작을 수행하는 것이 가장 유리한지 알게 됩니다.

02_ 인공지능 자율주행 RC카 DIY하기

여기서는 DIY 자동차를 제작하려는 독자에게 몇 가지 방법을 제시해 보도록 합니다. DIY 자동차는 다음과 같은 3 가지 방법으로 제작할 수 있습니다.

❶ 반 완제품으로 만들기
❷ 시제품으로 만들기
❸ 3D 프린터로 만들기

02_1 반 완제품으로 만들기

첫 번째 방법은 반 완제품을 이용하는 방법입니다. 다음은 코코랩스에서 판매하는 인공지능 자율주행 RC카 키트입니다. 반 완제품을 이용하면, 필요한 부품이 모두 준비되어 있기 때문에 바로 인공지능 자율주행 RC카를 제작한 후, 인공지능 자율주행 기능을 위한 프로그램 작성에 집중할 수 있는 장점이 있습니다.

전자부품

라즈베리파이 4	라즈베리파이 RC카 쉴드	라즈베리파이 카메라	
		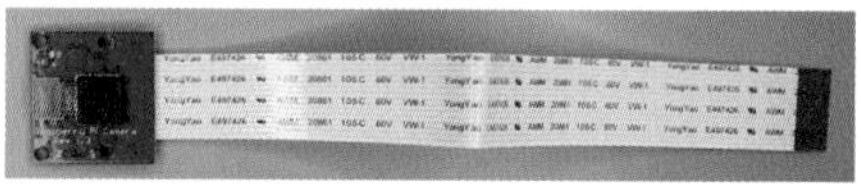	
케이로봇 KR-250 DC 모터×4	케이로봇 광폭 바퀴×4	적외선 송수신 센서×2	(M3×14mm볼트)×2

M-F 점퍼선 20cm 3핀×2	(M3×65 mm 볼트)×8	M3너트×10	바퀴 고정 나사×4

18650, 2.55A 배터리×2	보존배터리 (용량: 3.7V/2.2A, 출력: 5V/1A)	USB C 케이블	스크류 드라이버

레고부품

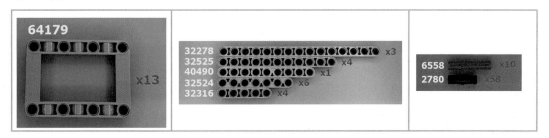

다음은 이 키트를 이용하여 완성한 인공지능 자율주행 RC카의 모양입니다.

인공지능 자율주행 RC카 키트 부품 구성 및 구매에 관한 자세한 사항은 다음 사이트를 참조합니다.

- 코코랩스 : http://www.kocolabs.co.kr/

02_2 시제품으로 만들기

DIY 자동차를 만드는 두 번째 방법은 시제품을 이용하는 방법입니다. 만약 기존에 구입한 시제품 자동차 중 이용하지 않는 자동차가 있다면 분해한 후 직접 DIY 할 수 있습니다.

다음은 저렴한 가격으로 섬세하게 만들어진 RASTAR RC카입니다. 인터넷에서 3만원 전후로 구매할 수 있습니다.

◆ RASTAR RC카

다음은 RASTAR RC카를 분해한 후 컨트롤러를 떼어낸 모양입니다.

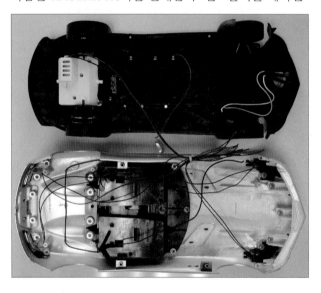

분해를 해 보면 기본적으로 두 개의 DC 모터, 2 개의 전조등, 2 개의 후미등, 1개의 스위치, 건전지박스로 구성됩니다. 자동차를 분해해, 컨트롤러 부분을 라즈베리파이 보드로 대체합니다. 이 때, DC 모터를 제어하기 위해서는 모터쉴드도 필요합니다. 라즈베리파이 보드를 내장한 후에는 무선랜을 연결하여 자율주행 기능을 구현할 수 있습니다.

02_3 3D 프린터로 만들기

DIY RC카를 만드는 세 번째 방법은 3D 프린터를 이용한 방법입니다. 다음은 3D 프린터를 이용하여 몸체를 만든 후, 모터와 아두이노 호환 보드 등을 장착하여 RC카를 완성한 사진입니다.

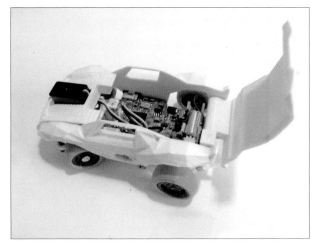

◆ 3D 프린터를 이용하여 만든 RC카

다음과 같은 3D 프린터 도면을 이용하여 출력할 수 있습니다.

다음 사이트에서 다양한 RC카의 몸체를 찾을 수 있습니다.

• http://www.thingiverse.com/

03_ 동키카 체험하기

여기서는 windows에 동키카 시뮬레이터 환경을 설정하고 동키카 인공지능 학습을 전체적으로 수행해 봅니다. 다음은 동키카 시뮬레이터 화면입니다.

동키카 시뮬레이터를 이용하면 동키카 인공지능 학습 전체 과정을 살펴볼 수 있습니다.

03_1 Windows에 동키카 설치하기

먼저 Windows에 동키카를 설치합니다.

1 다음 사이트로 들어갑니다.

🔒 docs.donkeycar.com/guide/host_pc/setup_windows/

2 다음 부분을 찾습니다. 이 책에서는 [2. Native] 방식으로 설치합니다.

Windows

Windows provides a few different methods for setting up and installing Donkey Car.

1. Miniconda
2. Native ◄
3. Windows Subsystem for Linux (WSL) - Experimental

③ 다음 부분을 참고하여 설치를 진행합니다. 설치 과정은 뒤에서 자세히 나옵니다.

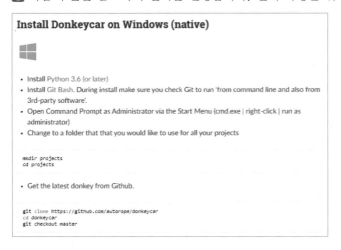

파이썬 설치하기

먼저 파이썬을 설치합니다.

① 다음과 같이 [python]을 검색합니다.

② 다음 사이트를 찾아 들어갑니다.

https://www.python.org ▾
Welcome to Python.org
The official home of the **Python** Programming Language.

③ 다음 페이지에서 [Downloads]--[Windows]를 선택합니다.

4 아래로 이동하여 다음 부분을 찾습니다. [Python 3.8.10]의 윈도우즈 설치 프로그램을 찾아 마우스 클릭합니다.

※ 2022년 1월 현재 [파이썬 3.10.x], [파이썬 3.9.x] 버전은 동키카 환경을 지원하지 않습니다.

5 다음과 같이 다운로드를 수행합니다.

6 다음과 같이 설치를 시작합니다. 설치시 ❶ PATH를 체크해 주고 ❷ 설치를 진행합니다.

Git 설치하기

다음은 동키카 패키지를 다운로드 받기 위해 Git 프로그램을 설치합니다.

1 다음과 같이 [git]을 검색합니다.

2 다음 사이트를 찾아 들어갑니다.

3 다음 부분을 찾습니다.

※ 2022년 1월 기준 2.34.1 버전이 지원되고 있습니다. 독자 여러분은 다운로드 시점에 지원되는 버전을 사용해도 됩니다.

4 다음과 같이 다운로드를 수행합니다.

5 기본 상태로 Next 버튼을 반복적으로 눌러 설치합니다.

관리자 권한으로 cmd 실행하기

다음은 관리자 권한으로 cmd 프로그램을 실행합니다.

1 다음과 같이 윈도우 하단의 검색창에 [cmd]를 입력합니다.

2 다음과 같이 ❶ [명령 프롬프트] 상에서 마우스 오른쪽 버튼을 눌러 팝업창을 띄운 후, ❷ [관리자 권한으로 실행] 메뉴를 선택해 줍니다.

동키카 패키지 설치하기

다음은 동키카 패키지를 설치합니다.

1 다음과 같이 차례대로 명령을 수행합니다.

```
>cd \Users\edu\
>mkdir projects
>cd projects
```

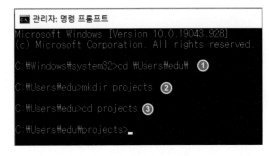

❶ cd 명령을 이용하여 사용자 디렉터리로 이동합니다. 필자의 경우 edu라는 사용자 디렉터리로 이동하고 있습니다. 독자 여러분은 여러분의 사용자 디렉터리로 이동합니다.

❷ mkdir 명령을 이용하여 projects 디렉터리를 생성합니다.

❸ cd 명령을 이용하여 projects 디렉터리로 이동합니다.

2️⃣ 다음과 같이 차례대로 명령을 수행합니다.

```
>git clone https://github.com/autorope/donkeycar
>cd donkeycar
>git checkout master
```

❶ git 명령을 이용하여 donkeycar 패키지를 다운로드 받습니다.

❷ cd 명령을 이용하여 donkeycar 디렉터리로 이동합니다.

❸ git checkout 명령을 이용하여 master 브랜치를 지정합니다.

3️⃣ 다음 명령을 수행하여 추가 패키지를 설치합니다.

```
>pip3 install - e .[pc]
```

`C:\Users\edu\projects\donkeycar>pip3 install -e .[pc]`

다음은 정상적으로 설치를 마친 화면입니다.

```
 Running setup.py develop for donkeycar
Successfully installed Kivy-Garden-0.1.4 PrettyTable-2.4.0 PyWavelets-1.2.0 Shapely-1.8.0 certifi-2021.10.8 charset-norm
alizer-2.0.7 cycler-0.11.0 docopt-0.6.2 docutils-0.18 donkeycar-4.2.1 fonttools-4.28.1 h5py-3.6.0 idna-3.3 imageio-2.10.
4 imgaug-0.4.0 kivy-2.0.0 kivy-deps.angle-0.3.0 kivy-deps.glew-0.3.0 kivy-deps.sdl2-0.3.1 kiwisolver-1.3.2 matplotlib-3.
5.0 networkx-2.6.3 numpy-1.21.4 opencv-python-4.5.4.58 packaging-21.2 paho-mqtt-1.6.1 pillow-8.4.0 progress-1.6 psutil-5
.8.0 pyfiglet-0.8.post1 pygments-2.10.0 pyparsing-2.4.7 pypiwin32-223 python-dateutil-2.8.2 pywin32-302 requests-2.26.0
scikit-image-0.18.3 scipy-1.7.2 setuptools-scm-6.3.2 simple-pid-1.0.1 six-1.16.0 tifffile-2021.11.2 tomli-1.2.2 tornado-
6.1 typing-extensions-4.0.0 urllib3-1.26.7 wcwidth-0.2.5
WARNING: You are using pip version 21.1.1; however, version 21.3.1 is available.
You should consider upgrading via the 'c:\users\edu\appdata\local\programs\python\python38\python.exe -m pip install -u
pgrade pip' command.

C:\Users\edu\projects\donkeycar>
```

4 다음 명령을 수행하여 텐서플로우 패키지를 설치합니다.

```
>pip3 install tensorflow
```

```
C:\Users\edu\projects\donkeycar>pip3 install tensorflow
```

다음은 정상적으로 설치를 마친 화면입니다.

```
Using legacy 'setup.py install' for termcolor, since package 'wheel' is not installed.
Installing collected packages: pyasn1, zipp, rsa, pyasn1-modules, oauthlib, cachetools, requests-oauthlib, importlib-met
adata, google-auth, wheel, werkzeug, tensorboard-plugin-wit, tensorboard-data-server, protobuf, markdown, grpcio, google
-auth-oauthlib, absl-py, wrapt, termcolor, tensorflow-io-gcs-filesystem, tensorflow-estimator, tensorboard, opt-einsum,
libclang, keras-preprocessing, keras, google-pasta, gast, flatbuffers, astunparse, tensorflow
  Running setup.py install for termcolor ... done
Successfully installed absl-py-1.0.0 astunparse-1.6.3 cachetools-4.2.4 flatbuffers-2.0 gast-0.4.0 google-auth-2.3.3 goog
le-auth-oauthlib-0.4.6 google-pasta-0.2.0 grpcio-1.41.1 importlib-metadata-4.8.2 keras-2.7.0 keras-preprocessing-1.1.2 l
ibclang-12.0.0 markdown-3.3.5 oauthlib-3.1.1 opt-einsum-3.3.0 protobuf-3.19.1 pyasn1-0.4.8 pyasn1-modules-0.2.8 requests
-oauthlib-1.3.0 rsa-4.7.2 tensorboard-2.7.0 tensorboard-data-server-0.6.1 tensorboard-plugin-wit-1.8.0 tensorflow-2.7.0
tensorflow-estimator-2.7.0 tensorflow-io-gcs-filesystem-0.22.0 termcolor-1.1.0 werkzeug-2.0.2 wheel-0.37.0 wrapt-1.13.3
zipp-3.6.0
WARNING: You are using pip version 21.1.1; however, version 21.3.1 is available.
You should consider upgrading via the 'c:\users\edu\appdata\local\programs\python\python38\python.exe -m pip install --u
pgrade pip' command.
C:\Users\edu\projects\donkeycar>
```

5 다음 명령을 수행하여 pandas 패키지를 설치합니다.

```
>pip3 install pandas
```

6 다음 명령을 수행하여 동키카 프로젝트를 생성합니다.

```
>donkey createcar --path \Users\edu\projects\mycar --template complete
```

※ 필자의 사용자 디렉터리는 edu입니다. 이 부분은 독자 여러분의 사용자 디렉터리로 변경해 줍니다.

03_2 동키카 시뮬레이터 설치하기

여기서는 짐 동키카와 동키카 시뮬레이터를 설치합니다. 짐 동키카는 동키카 시뮬레이터를 사용하기 위한 환경을 제공합니다.

짐 동키카 설치하기

먼저 짐 동키카를 설치합니다.

1 다음 순서로 짐 동키카 패키지를 설치합니다.

```
>cd \Users\edu\projects
>git clone https://github.com/tawnkramer/gym-donkeycar
>cd gym-donkeycar
```

❶ cd 명령을 이용하여 사용자 디렉터리에 만든 projects 디렉터리로 이동합니다.

❷ git 명령을 이용하여 gym-donkeycar 패키지를 설치합니다.

❸ cd 명령을 이용하여 gym-donkeycar 디렉터리로 이동합니다.

2 다음 명령을 수행하여 짐 동키카의 추가 패키지를 설치합니다.

```
>pip install - e .[gym-donkeycar]
```

❹ 짐 동키카의 추가 패키지를 설치합니다.

동키카 시뮬레이터 설치하기

다음은 동키카 시뮬레이터를 설치합니다.

■ 다음 사이트로 이동합니다.

https://github.com/tawnkramer/gym-donkeycar/releases

② 다음 버전을 찾아 [DonkeySimWin.zip]을 다운로드 받습니다.

Race Edition v21.07.24

▼ Assets 5

⊕ DonkeySimLinux.zip	457 MB
⊕ DonkeySimMac.zip	393 MB
⊕ DonkeySimWin.zip ◄	380 MB
⊡ Source code (zip)	
⊡ Source code (tar.gz)	

※ 최신 버전의 경우 이 책의 내용대로 동작이 수행되지 않을 수 있습니다.

③ 다음과 같이 압축을 풉니다.

📁 DonkeySimWin

④ 디렉터리의 내용을 확인합니다.

📁 donkey_sim_Data
📁 MonoBleedingEdge
🍀 donkey_sim
🔲 UnityCrashHandler64
🗏 UnityPlayer.dll

⑤ 다음과 같이 projects 디렉터리로 옮겨줍니다.

03_3 동키카 시뮬레이터 설정하기

다음은 데이터 수집을 위해 동키카 시뮬레이터를 설정합니다.

1 다음과 같이 [myconfig.py] 파일을 찾습니다.

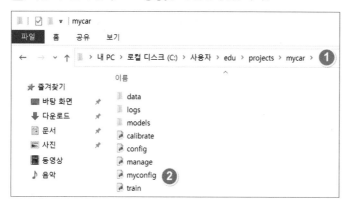

❶ projects₩mycar 디렉터리로 이동합니다.

❷ myconfig.py 파일을 확인합니다.

2 myconfig.py 파일을 열어 다음 부분에 대해 주석을 풀고 편집을 합니다.

```
DONKEY_GYM = True
DONKEY_SIM_PATH = "C:\\Users\\edu\\projects\\DonkeySimWin\\donkey_sim.exe"
DONKEY_GYM_ENV_NAME = "donkey-generated-track-v0"
```

```
295    DONKEY_GYM = True
296    DONKEY_SIM_PATH = "C:\\Users\\edu\\projects\\DonkeySimWin\\donkey_sim.exe" #"/home/tkramer/projects/sdsandbox
297    DONKEY_GYM_ENV_NAME = "donkey-generated-track-v0" # ("donkey-generated-track-v0"|"donkey-generated-roads-v0"|
```

DONKEY_GYM 변수를 True로 설정하면 동키카 시뮬레이터를 사용할 수 있습니다.

DONKEY_SIM_PATH는 동키카 시뮬레이터 프로그램의 위치를 나타내는 변수입니다.

※ 필자의 사용자 디렉터리는 edu입니다. 이 부분은 독자 여러분의 사용자 디렉터리로 변경해 줍니다.

```
AUTO_CREATE_NEW_TUB = True
```

```
236    AUTO_CREATE_NEW_TUB = True       #create a new tub (tub_YY_MM_DD) directory when recording or append records
```

AUTO_CREATE_NEW_TUB 변수를 True로 설정하여 데이터 수집 디렉터리를 생성하도록 합니다.

```
WEB_INIT_MODE = "local" # ai mode
```

```
165    WEB_INIT_MODE = "local"              # which control mode to start in. one of user|local_angle|local.
```

WEB_INIT_MODE 변수를 "local"로 설정하여 학습이 끝난 후에는 인공지능 모드로 주행하도록 합니다.

03_4 동키카 시뮬레이터 실행하기

이제 동키카 시뮬레이터 상에서 동키카를 실행시켜 봅니다.

1 다음과 같이 명령을 수행합니다.

```
>cd \Users\edu\projects\mycar
>python manage.py drive
```

❶ projects₩mycar 디렉터리로 이동합니다.
❷ 동키카 시뮬레이터를 실행하여 주행준비를 합니다.

2 처음엔 다음과 같은 창이 뜹니다. [액세스 허용] 버튼을 눌러 줍니다.

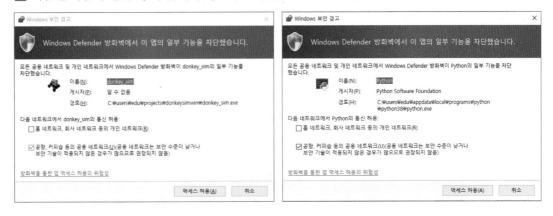

3 다음과 같이 시뮬레이터가 실행됩니다.

03_5 동키카 조종하기

이제 동키카 시뮬레이터 상에서 동키카를 주행시켜 봅니다. 이 과정에서 데이터 수집을 하게 됩니다.

1 다음 사이트에 접속합니다. 이 사이트는 동키카가 실행되면서 생성되는 사이트입니다.

> http://localhost:8887/drive

2 다음과 같이 페이지가 열립니다.

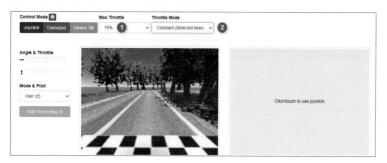

❶ Max Throttle을 15%로 설정하여 주행 속도를 설정합니다. 처음엔 주행 속도를 낮게 하여 동키카 운전을 쉽게 하도록 합니다. 그렇지 않을 경우 차선을 벗어나기 쉽습니다.

❷ Throttle Mode를 Constant로 설정하여 주행 속도를 일정하게 합니다.

3 오른쪽에 있는 하늘색 운전창을 이용하여 주행을 수행합니다.

❶ 마우스 왼쪽 버튼을 눌러 전후좌우로 움직이면서 동키카 주행을 합니다.

❷ 각도와 속도값이 변하는 것을 확인합니다.

4 트랙을 3회 돕니다.

마우스 왼쪽 버튼을 누른채 운전을 하면 데이터가 수집되며, 마우스 왼쪽 버튼을 떼면 데이터 수집이 멈춥니다. 필자의 경우 3회 회전 후에 2970개 정도의 데이터를 수집하였습니다.

5 명령창에서 Ctrl + C 키를 1~2회 눌러 주행을 종료합니다.

```
관리자: 명령 프롬프트
INFO:donkeycar.vehicle:

   part         | max  | min  | avg  | 50%  | 90%  | 99%   | 99.9% |
   DonkeyGymEnv  | 2.00 | 0.00 | 0.01 | 0.00 | 0.00 | 0.00  | 1.01  |
LocalWebController | 1.69 | 0.00 | 0.01 | 0.00 | 0.00 | 0.96  | 1.02  |
  ThrottleFilter | 1.01 | 0.00 | 0.00 | 0.00 | 0.00 | 0.00  | 0.98  |
  PilotCondition | 1.01 | 0.00 | 0.00 | 0.00 | 0.00 | 0.00  | 0.31  |
   RecordTracker | 2.05 | 0.00 | 0.03 | 0.00 | 0.00 | 1.00  | 1.02  |
       DriveMode | 1.01 | 0.00 | 0.00 | 0.00 | 0.00 | 0.00  | 0.99  |
        AiLaunch | 1.00 | 0.00 | 0.00 | 0.00 | 0.00 | 0.00  | 0.98  |
  AiRunCondition | 1.01 | 0.00 | 0.00 | 0.00 | 0.00 | 0.00  | 0.69  |
       TubWriter | 34.90| 0.49 | 2.44 | 2.00 | 3.54 | 10.51 | 24.03 |


   part         | max  | min  | avg  | 50%  | 90%  | 99%   | 99.9% |
   DonkeyGymEnv  | 2.00 | 0.00 | 0.01 | 0.00 | 0.00 | 0.00  | 1.01  |
LocalWebController | 1.69 | 0.00 | 0.01 | 0.00 | 0.00 | 0.96  | 1.02  |
  ThrottleFilter | 1.01 | 0.00 | 0.00 | 0.00 | 0.00 | 0.00  | 0.98  |
  PilotCondition | 1.01 | 0.00 | 0.00 | 0.00 | 0.00 | 0.00  | 0.31  |
   RecordTracker | 2.05 | 0.00 | 0.03 | 0.00 | 0.00 | 1.00  | 1.02  |
       DriveMode | 1.01 | 0.00 | 0.00 | 0.00 | 0.00 | 0.00  | 0.99  |
        AiLaunch | 1.00 | 0.00 | 0.00 | 0.00 | 0.00 | 0.00  | 0.98  |
  AiRunCondition | 1.01 | 0.00 | 0.00 | 0.00 | 0.00 | 0.00  | 0.69  |
       TubWriter | 34.90| 0.49 | 2.44 | 2.00 | 3.54 | 10.51 | 24.03 |

C:\Users\edu\projects\mycar>
```

03_6 수집된 데이터 확인하기

다음은 수집된 데이터를 확인해 봅니다.

1 다음 디렉터리로 이동합니다.

수집된 데이터는 projects\mycar\data 디릭터리에 tub로 시작하는 디렉터리에 있습니다.

2 tub 디렉터리의 내용을 확인합니다. 다음은 tub 디렉터리의 내용입니다.

```
images
catalog_0.catalog
catalog_0.catalog_manifest
catalog_1.catalog
catalog_1.catalog_manifest
catalog_2.catalog
catalog_2.catalog_manifest
manifest.json
```

3 images 디렉터리의 내용을 확인합니다. 다음은 images 디렉터리의 내용입니다.

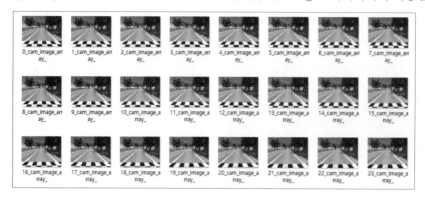

사진 파일이 저장된 것을 확인합니다.

4 다음은 사진 파일입니다. 사진 파일에는 동키카에서 촬영한 도로의 모양이 있습니다.

5 다음과 같이 사진의 속성을 확인합니다. 사진 파일 상에서 마우스 오른쪽 버튼을 눌러 속성 메뉴를 선택하면 볼 수 있습니다.

❶ [자세히] 탭을 누릅니다.

❷ 사진의 크기를 확인합니다. 너비와 높이가 각각 160픽셀과 120픽셀입니다.

6 다음과 같이 [catalog_0.catalog] 파일을 찾습니다.

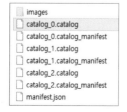

7 메모장을 이용하여 엽니다.

```
1  {"_index": 0, "_session_id": "21-11-17_0", "_timestamp_ms": 1637122555922,
2  {"_index": 1, "_session_id": "21-11-17_0", "_timestamp_ms": 1637122555981,
3  {"_index": 2, "_session_id": "21-11-17_0", "_timestamp_ms": 1637122556053,
4  {"_index": 3, "_session_id": "21-11-17_0", "_timestamp_ms": 1637122556108,
5  {"_index": 4, "_session_id": "21-11-17_0", "_timestamp_ms": 1637122556174,
```

```
"cam/image_array": "0_cam_image_array_.jpg", "user/angle": 8.747477136766809e-19, "user/mode": "user", "user/throttle": 0.1}
"cam/image_array": "1_cam_image_array_.jpg", "user/angle": 7.872729423090128e-18, "user/mode": "user", "user/throttle": 0.1}
"cam/image_array": "2_cam_image_array_.jpg", "user/angle": 7.872729423090128e-18, "user/mode": "user", "user/throttle": 0.1}
"cam/image_array": "3_cam_image_array_.jpg", "user/angle": -0.014285714285714209, "user/mode": "user", "user/throttle": 0.1}
"cam/image_array": "4_cam_image_array_.jpg", "user/angle": -0.014285714285714209, "user/mode": "user", "user/throttle": 0.1}
```

이미지 정보, 주행 각도, 주행 속도 등을 확인해 봅니다.

03_7 동키카 학습시키기

이제 동키카를 학습시켜 봅니다.

1 다음과 같이 명령을 수행하여 학습을 수행합니다.

```
>python train.py --model models\mypilot.h5 --tub data\tub_1_21-11-17
```

```
C:\Users\edu\projects\mycar>python train.py --model models\mypilot.h5 --tub data\tub_1_21-11-17
```

--tub 옵션 뒤에는 앞에서 확인한 tub 디렉터리를 지정해 줍니다.

2 처음엔 다음과 같은 오류 메시지가 뜹니다.

3 다음 사이트로 이동하여 [msvcp140_1.dll] 파일을 설치합니다. 이 파일은 윈도우용 텐서플로우에서 필요로 하는 파일입니다.

```
https://support.microsoft.com/help/2977003/the-latest-supported-visual-c-downloads
```

4 다음 파일을 다운로드 받아 설치합니다.

Visual Studio 2015, 2017, 2019, and 2022

This table lists the latest supported English (en-US) Microsoft Visual C++ Redistributable packages for Visual Studio 2015, 2017, 2019, and 2022. The latest supported version has the most recent implemented C++ features, security, reliability, and performance improvements. It also includes the latest C++ standard language and library standards conformance updates. We recommend you install this version for all applications created using Visual Studio 2015, 2017, 2019, or 2022.

Architecture	Link	Notes
ARM64	https://aka.ms/vs/17/release/vc_redist.arm64.exe	Permalink for latest supported ARM64 version
X86	https://aka.ms/vs/17/release/vc_redist.x86.exe	Permalink for latest supported x86 version
X64	https://aka.ms/vs/17/release/vc_redist.x64.exe ①	Permalink for latest supported x64 version. The X64 redistributable package contains both ARM64 and X64 binaries. This package makes it easy to install required Visual C++ ARM64 binaries when the X64 redistributable is installed on an ARM64 device.

 VC_redist.x64.exe

5 다음과 같이 명령을 다시 수행합니다.

```
>python train.py --model models\mypilot.h5 --tub data\tub_1_21-11-17
```

6 다음과 같이 학습이 진행됩니다.

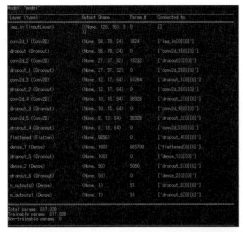

※ 이 그림은 동키카가 학습하는 CNN 인공 신경망의 구조를 보여줍니다.

필자의 경우 5~10분 정도 학습을 수행하였습니다.

03_8 동키카 자율주행 시키기

이제 학습된 인공 신경망을 이용하여 동키카를 자율주행 시켜 봅니다.

1 다음과 같이 명령을 수행합니다.

```
>python manage.py drive --model models/mypilot.h5
```

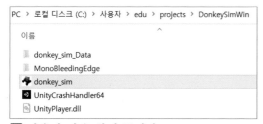

mypilot.h5 파일은 학습을 수행한 결과 파일로 인공 지능의 내용을 담고 있는 파일입니다.

2 처음엔 다음 메시지가 뜹니다. 동키카 프로그램을 수동으로 한번 실행해 줍니다.

```
File "c:\users\edu\projects\gym-donkeycar\gym_donkeycar\core\client.py", line 45, in connect
    raise (
Exception: Could not connect to server. Is it running? If you specified 'remote', then you must start it manually.
closing donkey sim subprocess

C:\Users\edu\projects\mycar>
```

3 다음 디렉터리로 이동하여 [donkey_sim] 프로그램을 실행시킵니다.

```
PC > 로컬 디스크 (C:) > 사용자 > edu > projects > DonkeySimWin

이름                              ^
  📁 donkey_sim_Data
  📁 MonoBleedingEdge
  ✚ donkey_sim
  💠 UnityCrashHandler64
  📄 UnityPlayer.dll
```

4 다음과 같은 창이 뜹니다.

❶ [추가 정보] 링크를 눌러줍니다.
❷ [실행] 버튼을 눌러줍니다.

5 다음과 같이 명령을 다시 수행합니다.

```
C:\Users\edu\projects\mycar>python manage.py drive --model models/mypilot.h5
```

6 다음과 같이 동키카 시뮬레이터 프로그램이 실행됩니다. 5초 정도 후에 자동차가 자율주행을 시작합니다.

필자의 경우 동키카가 트랙을 이탈하지 않고 3회 이상 자율주행하는 것을 확인하였습니다.

7 프로그램을 종료하기 위해서는 Ctrl + C 키를 1~2회 눌러줍니다.

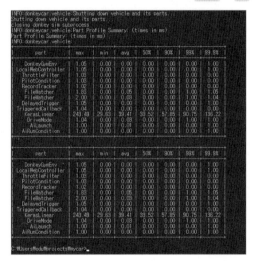

03_9 동키카 CNN 소스 확인하기

여기서는 동키카 CNN 소스를 확인해 봅니다.

1 다음 디렉터리로 이동합니다.

《 로컬 디스크 (C:) › 사용자 › edu › projects › donkeycar › donkeycar › parts

※ edu는 필자의 사용자 디렉터리입니다. 이 부분은 독자 여러분의 사용자 디렉터리가 되어야 합니다.

2 다음 파일을 찾습니다.

Th keras.py

3 노트장 등을 이용하여 파일을 엽니다.

```
489  Edef core_cnn_layers(img_in, drop, 14_stride=1):
490      """
491      Returns the core CNN layers that are shared among the different models,
492      like linear, imu, behavioural
493
494      :param img_in:          input layer of network
495      :param drop:            dropout rate
496      :param 14_stride:       4-th layer stride, default 1
497      :return:                stack of CNN layers
498      """
499      x = img_in
500      x = conv2d(24, 5, 2, 1)(x)
501      x = Dropout(drop)(x)
502      x = conv2d(32, 5, 2, 2)(x)
503      x = Dropout(drop)(x)
504      x = conv2d(64, 5, 2, 3)(x)
505      x = Dropout(drop)(x)
506      x = conv2d(64, 3, 14_stride, 4)(x)
507      x = Dropout(drop)(x)
508      x = conv2d(64, 3, 1, 5)(x)
509      x = Dropout(drop)(x)
510      x = Flatten(name='flattened')(x)
511      return x
512
513
514  Edef default_n_linear(num_outputs, input_shape=(120, 160, 3)):
515      drop = 0.2
516      img_in = Input(shape=input_shape, name='img_in')
517      x = core_cnn_layers(img_in, drop)
518      x = Dense(100, activation='relu', name='dense_1')(x)
519      x = Dropout(drop)(x)
520      x = Dense(50, activation='relu', name='dense_2')(x)
521      x = Dropout(drop)(x)
522
523      outputs = []
524      for i in range(num_outputs):
525          outputs.append(
526              Dense(1, activation='linear', name='n_outputs' + str(i))(x))
527
528      model = Model(inputs=[img_in], outputs=outputs)
529      return model
```

489~529줄에 동키카에서 사용하는 CNN 인공 신경망 소스를 찾아봅니다. 위 신경망 소스는 다음과 같은 형태의 CNN 인공 신경망을 구현한 것입니다.

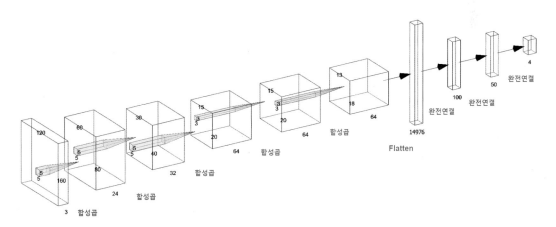

이상에서 동키카 시뮬레이터를 이용하여 인공지능 학습과정을 전체적으로 살펴보았습니다.

04_ 인공지능 자율주행 RC카 조립하기

여기서는 인공지능 자율주행 RC카 부품을 살펴보고 조립합니다.

04_1 부품 살펴보기

이 책에서 사용할 인공지능 자율주행 RC카 부품 구성은 다음과 같습니다.

전자 부품

라즈베리파이 4	라즈베리파이 RC카 쉴드	라즈베리파이 카메라	
케이로봇 KR-250 DC 모터×4	케이로봇 광폭 바퀴×4	적외선 송수신 센서×2	(M3×14mm볼트)×2
M-F 점퍼선 20cm 3핀×2	(M3×65 mm 볼트)×8	M3너트×10	바퀴 고정 나사×4
18650, 2.55A 배터리×2	보존배터리 (용량: 3.7V/2.2A, 출력: 5V/1A)	USB C 케이블	스크류 드라이버

레고 부품

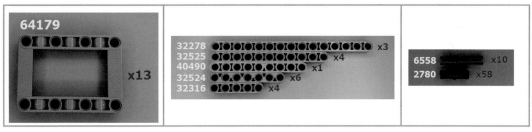

※ 레고 부품의 색깔은 다를수 있습니다.

도로용 테이프와 고무줄

도로용 테이프는 다이소 등에서 구할 수 있으며 이 책에서는 19mm×10M 기준 2개의 테이프를 사용하여 도로를 만들었습니다.

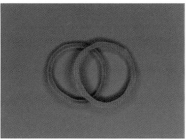

04_2 인공지능 자율주행 RC카 조립하기

여기서는 RC카 몸체부 조립, 카메라 라즈베리파이부 조립, DC 모터선 연결, 라인트레이서 센서 부조립, 배터리 장착의 순서로 자동차를 조립합니다.

RC카 몸체부 조립하기

1 다음과 같이 DC 모터 4개, 5x7구 레고 4개, M3*65mm 볼트 8개, M3 너트 8개를 준비합니다.

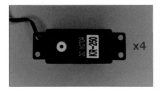

2 다음과 같이 DC 모터 2개, 5x7구 레고 2개, 볼트 4개, 너트 4개를 이용하여 모터 모듈을 1개 만듭니다.

모터 전선이 나사에 손상되지 않도록 공간이 있는 부분으로 빼내줍니다. 레고가 헐겁지 않도록 스크류 드라이버를 이용하여 볼트와 너트를 조여줍니다. 레고가 조금은 움직여도 괜찮습니다.

3 같은 방식으로 모터 모듈을 1개 더 만들어 총 2개를 만듭니다.

4 다음 레고 부품을 준비합니다.

5 다음과 같이 모터 모듈에 장착합니다.

6 다음 레고 부품을 준비합니다.

7 다음과 같이 모터 모듈에 장착합니다.

8 다음과 같이 2가지 레고부품을 준비합니다.

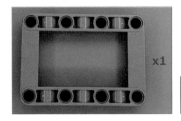

9 다음과 같이 조립합니다.

10 다음과 같이 모터 모듈 2개를 연결합니다.

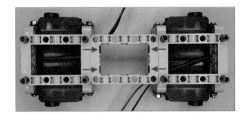

11 다음과 같이 2가지 레고부품을 준비합니다.

12 다음과 같이 조립합니다.

13 다음과 같이 모터 모듈 2개를 아랫부분에서 연결합니다.

14 다음과 같이 1x15구와 2단 링커 레고부품을 준비합니다.

15 다음과 같이 조립합니다.

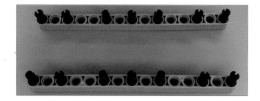

16 다음과 같이 RC카 몸체 윗 부분에 장착합니다.

17 다음과 같이 1x7구와 2단 링커 레고부품을 준비합니다.

18 다음과 같이 조립합니다.

19 다음과 같이 RC카 몸체 아랫 부분에 장착합니다. 이 부분은 RC카 뒷부분이 됩니다.

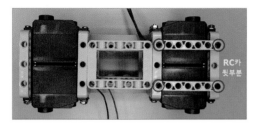

20 다음 레고 부품을 준비합니다.

21 다음과 같이 RC카 몸체 아랫 부분에 장착합니다.

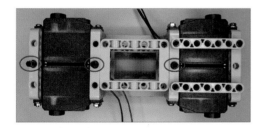

22 다음과 같이 1x15구 레고 부품을 준비합니다.

23 다음과 같이 RC카 몸체 아랫 부분에 장착합니다. 이 부분은 RC카 앞부분이 됩니다.

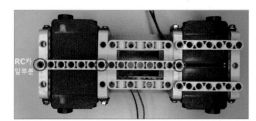

24 다음과 같이 2가지 부품과 스크류 드라이버를 준비합니다.

25 다음과 같이 4개의 바퀴를 장착합니다.

※ 바퀴가 헐겁지 않도록 스크류 드라이버를 이용하여 나사를 적당히 조여줍니다.

26 다음과 같이 1x9구 레고부품을 준비합니다.

27 자동차의 상단부 뒷부분에 다음과 같이 장착합니다.

28 다음과 같이 레고부품을 준비합니다.

29 자동차의 상단부 중간 뒷부분에 다음과 같이 장착합니다.

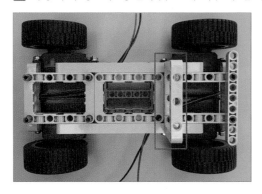

30 다음과 같이 레고부품을 준비합니다.

31 자동차의 상단부 중간부분에 다음과 같이 장착합니다.

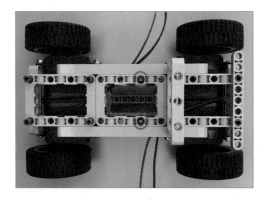

32 다음과 같이 1x11구 레고부품을 준비합니다.

33 자동차의 상단부에 다음과 같이 장착합니다.

34 다음과 같이 레고부품을 준비합니다.

35 자동차의 상단부에 다음과 같이 장착합니다.

36 다음과 같이 1x5구 레고부품을 준비합니다.

37 자동차의 상단부에 다음과 같이 장착합니다.

38 다음과 같이 2가지 레고부품을 준비합니다.

39 다음과 같이 조립합니다.

40 다음과 같이 RC카 몸체 양쪽 옆 부분에 장착합니다.

41 다음과 같이 레고부품을 준비합니다.

42 자동차의 상단부 앞부분에 다음과 같이 장착합니다.

43 다음과 같이 레고부품을 준비합니다.

44 자동차의 상단부 앞부분에 다음과 같이 장착합니다.

다음은 옆에서 본 모양입니다.

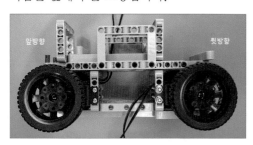

카메라 라즈베리파이부 조립하기

이제 영상 수집을 위한 카메라 라즈베리파이부를 조립하고 장착합니다.

1 다음과 같이 라즈베리파이 카메라를 준비합니다.

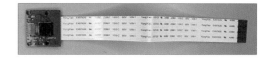

2 글루건이나 얇은 양면 테이프를 이용하여 카메라를 보드에 붙여줍니다.

글루건

3 다음과 같이 3가지 레고부품을 준비합니다.

4 다음과 같이 조립합니다.

5 다음과 같이 1x7구 레고부품을 준비합니다.

6 다음과 같이 라즈베리파이 카메라를 고정합니다.

뒷면에서 봤을 때 ❶ 파란면이 보이고, ❷ 레고에 살짝 걸치게 장착합니다. 다음은 측면에서 본 모양입니다. 카메라가 비스듬하게 아래를 보도록 장착합니다.

7 다음과 같이 1x5구 레고부품을 준비합니다.

8 다음과 같이 라즈베리파이 카메라 케이블을 고정합니다.

9 다음과 같이 1x7구 레고부품을 준비합니다.

10 다음과 같이 라즈베리파이 카메라 케이블을 고정합니다.

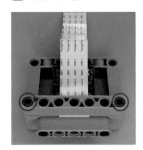

11 다음과 같이 라즈베리파이 RC카 쉴드, 라즈베리파이를 준비합니다.

☑ 다음과 같이 라즈베리파이 카메라 케이블을 라즈베리파이 RC카 쉴드의 카메라 홈에 끼워넣습니다.

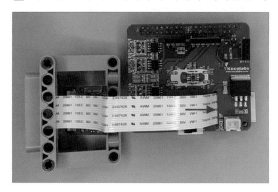

☒ 라즈베리파이의 카메라 케이블 고정 캡을 들어올립니다.

☒ 다음과 같이 ❶ 카메라 케이블을 끼워 넣고 ❷ 고정 캡을 눌러줍니다. 케이블의 선이 사진 기준 화면 앞으로 오게 합니다. 카메라 케이블은 금속선이 살짝 보일 정도로 밀어넣습니다.

⑮ 라즈베리파이 RC카 쉴드를 라즈베리파이 보드에 장착해 줍니다. 쉴드 장착 시 핀이 어긋나지 않도록 장착합니다.

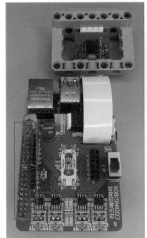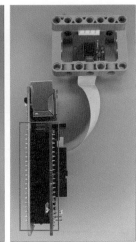

⑯ 다음과 같이 레고부품을 준비합니다.

⑰ 다음과 같이 카메라 모듈에 장착합니다.

⑱ 다음과 같이 RC카 몸체에 라즈베리파이를 장착합니다.

19 다음과 같이 카메라 모듈을 RC카 앞 부분에 장착합니다.

20 다음과 같이 1x5구 레고부품을 준비합니다.

21 다음과 같이 RC카 앞 부분에 장착합니다.

DC 모터선 연결하기

다음은 DC 모터선을 연결합니다.

1 다음과 같이 DC 모터선을 빼냅니다. DC 모터선이 교차되지 않도록 합니다.

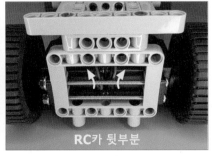

2 스크류 드라이버를 이용하여 다음과 같이 모터선을 말아줍니다.

모터선을 말은 상태로 30초 정도 유지한 후, 스크류 드라이버를 빼 줍니다. 나머지 모터선에 대해서도 같은 작업을 수행합니다. 이렇게 하면 선관리가 편합니다.

3 다음과 같이 모터선을 장착합니다.

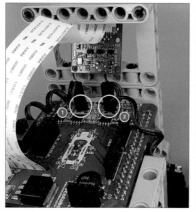 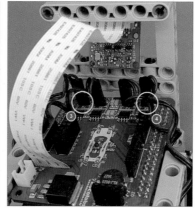

❶ 왼쪽 전방 모터선, ❷ 오른쪽 전방 모터선, ❸ 왼쪽 후방 모터선, ❹ 오른쪽 후방 모터선을 연결해 줍니다. 그림을 기준으로 빨강선이 오른쪽, 검정선이 왼쪽에 오도록 장착합니다. 이 책에서는 모터 연결 단자 금속 면이 RC카 앞면을 보도록 장착하고 있습니다. 모터선 연결 방향에 따라 모터의 방향이 바뀔수 있습니다.

다음은 조립이 완료된 모양입니다.

라인트레이서 센서부 조립하기

다음은 라인트레이서 센서부를 조립하고 장착해 봅니다. 라인트레이서 센서부는 딥러닝 학습시 사용할 라벨 데이터를 생성하는 역할을 합니다.

1 다음과 같이 레고부품을 준비합니다.

2 다음과 같이 RC카 앞부분 하단에 장착합니다.

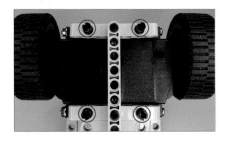

3 다음과 같이 1x11구 레고부품을 준비합니다.

4 다음과 같이 장착합니다.

5 다음과 같이 적외선 송수신 센서, M3*14mm 볼트, M3 너트, 1x7구 레고 부품, 스크류 드라이버를 준비합니다.

6 다음과 같이 센서 핀을 롱 노우즈 등을 이용하여 수직으로 펴줍니다.

7 다음과 같이 센서를 1x7구 레고에 장착합니다.

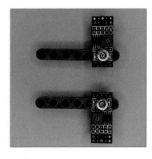

스크류 드라이버를 이용하여 볼트와 너트를 적당히 조여줍니다. 적외선 송수신 센서의 PCB 면이 손상되지 않도록 적당히 조여줍니다.

8 다음과 같이 레고부품을 준비합니다.

9 다음과 같이 RC카 앞부분에 장착합니다.

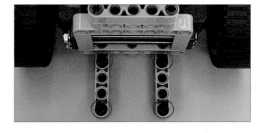

10 다음과 같이 적외선 센서 모듈을 장착합니다.

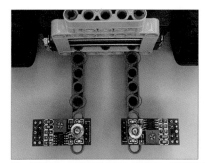

⑪ 다음과 같이 전선을 준비합니다.

⑫ 스크류 드라이버를 이용하여 전선을 다음과 같이 말아줍니다. 이렇게 하면 선관리가 편합니다.

⑬ 다음과 같이 라인트레이서 센서에 전선을 연결합니다.

핀은 오른쪽 그림을 참고합니다. A0(X 표시) 핀은 연결하지 않습니다.

⑭ 다음과 같이 라즈베리파이 RC카 쉴드의 GPIO 확장핀에 라인트레이서 센서의 전선을 연결합니다.

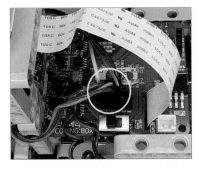 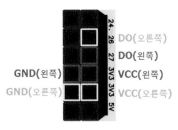

다음은 라인트레이서 센서를 장착한 모양입니다.

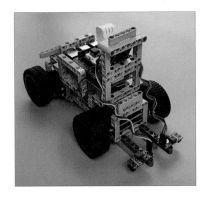

배터리 장착하기

다음은 배터리를 장착해 봅니다.

1 다음과 같이 18650 배터리 2개를 18650 배터리 홀더에 장착합니다. 양극, 음극을 잘 맞추어 장착합니다.

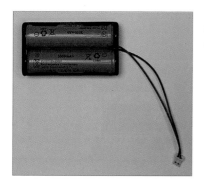

※ 이 책에서 사용하는 배터리는 KC인증 보호회로가 내장된 18650 배터리로 과전류, 과전압, 과열을 차단하여 화재 및 폭발의 위험으로부터 안전하게 사용할 수 있습니다. 과전류가 흐를 경우 배터리가 안전을 위해 파손될 수 있습니다.

2 다음과 같이 자동차 뒷 부분에 끼워 넣어 고정해 준 후, 배터리 연결선을 인공지능 자율주행 RC 카 쉴드에 연결합니다.

※ 모터 전원은 왼쪽 측면에 있는 스위치를 통해 공급할 수 있습니다.

3 다음과 같이 보조 배터리를 준비합니다.

※ 이 책에서 사용하는 보조 배터리의 용량은 3.7V/2.2Ah이며, 출력은 5V/1A입니다.

4 다음과 같이 고무줄을 준비합니다.

5 다음과 같이 고무줄을 이용하여 보조 배터리를 RC카 하단부에 고정합니다.

6 다음과 같이 USB C 케이블을 준비합니다.

7 다음과 같이 카메라 쉴드의 micro USB 단자에 연결합니다.

8 보조 배터리와 18650 배터리는 추후 실습을 위해 전원 연결을 해제해줍니다.

이상 인공지능 자율주행 RC카 조립을 마칩니다.

인공지능 자율주행 자동차 체험하기 2

이번 장에서는 인공지능 자율주행 RC카 개발 환경을 구성하고 직접 제작한 RC카를 이용하여 인공지능 자율주행 RC카 체험을 해 봅니다. RC카와 카메라를 이용하여 데이터를 수집하고, 수집한 데이터를 CNN 인공 신경망을 통해 학습시키고, 학습된 CNN 인공 신경망을 이용하여 자율주행을 수행하는 단계로 체험해 봅니다.

01_ 인공지능 자율주행 RC카 살펴보기

여기서는 인공지능 자율주행 RC카 실습을 위한 하드웨어 환경을 살펴봅니다.

01_1 라즈베리파이 개요

라즈베리파이는 신용카드 크기의 컴퓨터로 교육을 위해 만들어졌습니다.

◆ 라즈베리파이 4B

라즈베리파이는 1981 BBC Micro로부터 아이디어를 얻어 만들어졌습니다. BBC Micro는 8 비트 가정용 컴퓨터로 1981년도에 만들어졌습니다. 다음은 BBC Micro 컴퓨터입니다.

라즈베리파이는 Eben Upton이 만들었습니다. Eben Upton의 목표는 초중고생들의 프로그래밍 기술과 하드웨어의 이해를 증진시킬 저가의 컴퓨터 장치를 만드는 것이었습니다.

그러나 작은 크기와 적절한 가격 덕분에 라즈베리파이는 많은 메이커들에게 빠르게 퍼져나갔습니다. 라즈베리파이는 아두이노같은 MCU로 해결할 수 없는 프로젝트들에 사용되었습니다. 다음은 64 개의 라즈베리파이와 레고로 구성한 수퍼 컴퓨터입니다. 이 수퍼 컴퓨터를 구성하는데 비용은 우리 돈으로 약 385만원 정도 들었다고 합니다.

라즈베리파이는 PC보다는 느립니다. 그럼에도 불구하고 완벽한 리눅스 컴퓨터로 저 전력으로 리눅스가 가진 모든 기능들을 제공합니다.

01_2 라즈베리파이 4와 라즈베리파이 3 비교하기

다음은 [라즈베리파이 4 B]와 [라즈베리파이 3 B+]를 비교한 그림입니다.

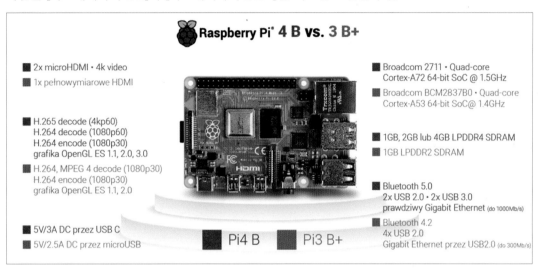

◆ 출처 : https://kr.mouser.com/new/seeed-studio/seeed-raspberry-pi-desktop-kit/

다음은 위 그림을 정리한 표입니다.

특징 및 사양	라즈베리파이 4B	라즈베리파이 3B+
SoC	Broadcom 2711 쿼드 코어 Cortex-A72@1.5GHz	Broadcom BCM2837B0 쿼드 코어 Cortex-A53@1.4GHz
메모리	1GB, 2GB, 4GB LPDDR4 SDRAM	1GB LPDDR2 SDRAM
통신	블루투스 5.0 기가비트이더넷(최대 1000Mbps) 2x USB 3.0, 2x USB 2.0	블루투스 4.2 기가비트이더넷(최대 300Mbps) 4x USB 2.0
전원	USB C 전원 5V/3A DC	microUSB 전원 5V/2.5A DC
모니터	2x microHDMI 최대 4Kp60 해상도	1x HDMI 최대 1080p60 해상도
GPU	OpenGL ES 1.1, 2.0, 3.0	OpenGL ES 1.1, 2.0
영상 처리	H.265 디코딩(4kp60) H.264 디코딩(1080p60) H.264 인코딩(1080p30)	H.264, MPEG 4 디코딩(1080p30) H.264 인코딩(1080p30)

01_3 라즈베리파이 하드웨어 특징

라즈베리파이는 핀이 노출되어 아두이노와 같은 방식으로 외부 하드웨어를 제어할 수 있습니다. 예를 들어, LED, 버튼 등의 외부 회로를 구성할 수 있습니다. 다음은 라즈베리파이와 LED를 연결한 그림입니다.

라즈베리파이는 모터 쉴드를 장착하여 모터를 제어할 수도 있습니다. 다음은 라즈베리파이 보드에 모터 쉴드를 장착하여 모터를 제어하는 그림입니다.

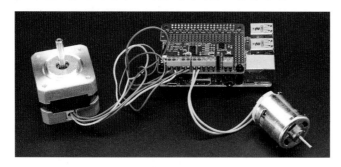

라즈베리파이는 I2C, SPI 통신 모듈을 내장하고 있습니다. I2C, SPI 통신 모듈에 외부 모듈을 연결하여 센서 입력, 모터 출력 등도 수행할 수 있습니다. 다음은 라즈베리파이의 I2C 핀을 통해 MPU6050 가속도 자이로 센서를 연결한 그림입니다.

다음은 라즈베리파이 핀 맵을 나타냅니다.

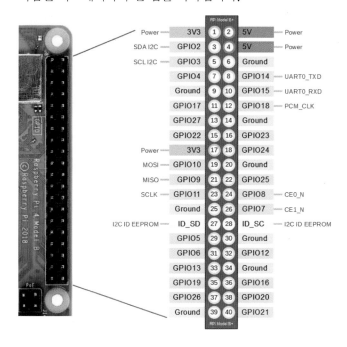

다음은 라즈베리파이 2, 3, 4를 나타냅니다. 현재는 라즈베리파이 4B와 3B+가 주로 사용되고 있습니다. 이 책은 라즈베리파이 4B와 3B+를 기준으로 집필되었습니다.

Raspberry Pi 2   Raspberry Pi 3   Raspberry Pi 4

소형의 라즈베리파이도 있습니다. 다음은 라즈베리파이 제로입니다.

01_4 라즈베리파이 RC카 쉴드 살펴보기

다음은 라즈베리파이 RC카 쉴드입니다. 라즈베리파이는 이 쉴드를 통해서 RC카의 DC 모터 제어, 라인트레이서 센서 입력을 받게 됩니다. 라즈베리파이 RC카 쉴드에는 각 부품이 연결된 핀 번호를 표시하고 있습니다.

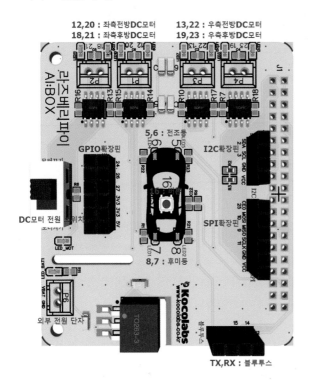

이 책에서는 모터 제어핀과 GPIO 확장핀을 사용하여 RC카를 제어합니다.

02_ 자율주행 RC카 개발 환경 구성하기

여기서는 라즈베리파이 자율주행 RC카 개발 환경을 구성합니다. 일반적으로 우리들은 윈도우 환경에 익숙해 있습니다. 그래서 실제 리눅스 개발 환경도 윈도우와 리눅스를 같이 사용하는 환경으로 구성하는 경우가 많습니다. 소스 편집이나 인터넷을 통한 해결책 찾기 등은 윈도우 환경에서 하고 소스 테스트는 원격 접속을 통해서 리눅스 환경에서 수행하는 경우가 일반적입니다. 그래서 여기서는 윈도우에서 라즈베리파이에 wifi를 통해 원격 접속하여 개발할 수 있는 환경을 소개합니다. 다음과 같은 순서로 자율주행 RC카 개발 환경을 구성합니다.

❶ 윈도우 10 모바일 핫스팟 설정하기
❷ 라즈베리파이 이미지 설치하기
❸ 라즈베리파이 부팅하기
❹ SSH 원격 접속하기
❺ 삼바 서버 설치하기
❻ 파이썬 편집기 설치하기
❼ 원격으로 실습하기
❽ 카메라 설정하기

02_1 윈도우 10 모바일 핫스팟 설정하기

여기서는 윈도우 10에서 무선랜을 통해 제공하는 모바일 핫스팟 기능을 활성화하는 방법을 살펴봅니다. 스마트 폰에서 제공하는 핫스팟 기능을 윈도우 PC에서도 제공합니다. 핫스팟을 이용하면 키보드나 모니터 없이 라즈베리파이에 접속할 수 있어 편리합니다. 이 기능에 대한 설정은 무선랜 기능이 있는 노트북 컴퓨터를 기준으로 설명합니다.

다음은 노트북이 무선공유기를 통해 인터넷에 연결된 형태입니다.

노트북 – 무선랜 ◀━━━▶ 무선 공유기 – 인터넷

일반적으로 우리는 집, 학교, 직장 등에서 노트북을 무선공유기에 연결한 형태로 작업을 하게 됩니다. 위 그림은 그와 같은 상황을 가정합니다.

다음은 라즈베리파이의 무선랜을 통해 노트북의 핫스팟에 연결한 그림입니다.

라즈베리파이 – 무선랜 ◀━━━▶ 모바일 핫스팟 – 노트북 – 무선랜 ◀━━━▶ 무선 공유기 – 인터넷

이제 윈도우 10 모바일 핫스팟을 설정해 봅니다.

1 다음과 같이 노트북의 데스크 탑 화면 오른쪽 아래에서 무선랜 아이콘을 마우스 왼쪽 버튼으로 눌러주면 모바일 핫스팟이 비활성화 된 것을 볼 수 있습니다.

2 모바일 핫스팟 블록을 마우스 왼쪽 버튼으로 눌러주면 다음과 같이 활성화됩니다.

3 한 번 더 마우스 왼쪽 버튼으로 눌러봅니다. 그러면 다음과 같이 비활성화 됩니다.

4 마우스 왼쪽 버튼으로 모바일 핫스팟을 다시 활성화한 후, 마우스 오른쪽 버튼을 눌러줍니다. 그러면 그림과 같이 [설정으로 이동] 메뉴가 뜹니다. [설정으로 이동] 메뉴를 마우스 왼쪽 버튼으로 선택합니다.

5 그러면 다음과 같이 [모바일 핫스팟] 설정창이 뜹니다.

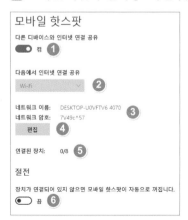

❶ [다른 디바이스와 인터넷 연결 공유]가 켜진 상태를 확인합니다.

❷ [내 인터넷 연결 공유]가 Wi-Fi로 선택된 것을 확인합니다.

❸ [네트워크 이름], [네트워크 암호]를 확인합니다. [네트워크 대역]은 없는 경우도 있습니다. 있다면 2.4GHz로 설정되어 있어야 합니다. 라즈베리파이는 2.4GHz 대역을 사용합니다.

❹ [편집] 버튼을 눌러 [네트워크 이름], [네트워크 암호]를 변경할 수 있습니다. 또, [네트워크 대역] 변경도 가능합니다.

❺ [연결된 장치]는 0개인 상태입니다. 8개까지 연결할 수 있습니다.

❻ [절전] 기능은 끄도록 합니다.

6 전 단계에서 **④** [편집] 버튼을 눌러봅니다. [네트워크 정보 편집] 창이 뜹니다.

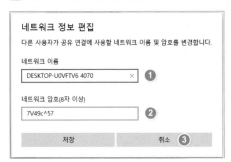

① [네트워크 이름], **②** [네트워크 암호]를 변경할 수 있습니다. [네트워크 대역] 변경이 가능한 경우에는 네트워크 대역을 2.4GHz로 설정해 줍니다. [저장] 버튼을 눌러 변경한 내용을 저장할 수 있습니다. **③** 여기서는 [취소] 버튼을 눌러 기본 상태를 유지합니다.

※ 이 책에서는 윈도우 10이 제공한 상태로 모바일 핫스팟을 설정하고 있습니다. 독자 여러분의 편의에 따라 [네트워크 이름], [네트워크 암호]를 변경해도 좋습니다.

02_2 라즈베리파이 이미지 설치하기

여기서는 라즈베리파이 이미지를 Raspberry Pi Imager 프로그램을 이용하여 micro SD 카드에 설치하는 과정을 진행합니다. 그래서 다음 두 가지 프로그램을 다운로드 받은 후, 설치를 진행합니다.

왼쪽 그림의 파일은 2021년 10월 30일에 배포된 라즈베리파이 이미지입니다. 이 책은 이 이미지를 기준으로 집필되었습니다. 이미지가 바뀌면 이미지 환경에 따라 예제 수행이 안 되는 경우가 있을 수 있습니다.

※본 책의 실습은 [라즈베리파이 3B+] 또는 [라즈베리파이 제로]를 이용하여 진행할 수도 있습니다.

[라즈베리파이 3B+] 또는 [라즈베리파이 제로]를 사용하는 경우 다음 이미지를 찾아 설치합니다. 이미지 설치 후 설정은 같은 방식으로 하면 됩니다.

2021-10-30-raspios-bullseye-armhf.img

micro SD 카드 준비하기

1 다음과 같이 micro SD 카드와 이미지를 쓰기 위한 SD 카드 리더기를 준비합니다.

※ micro SD 카드는 최소 16GB를 준비합니다.

2 micro SD 카드를 SD 카드 리더기에 장착한 후, 카드 리더기의 USB 단자를 PC에 연결합니다.

라즈베리파이 이미지 다운로드

1 다음과 같이 [raspberry pi bullseye 64bit]를 검색합니다.

2 다음 사이트에 접속합니다.

https://downloads.raspberrypi.org › raspios_arm64 › images
Raspberry Pi OS (64-bit) - http: / /downloads.raspberrypi.org

3 다음과 같은 페이지가 열립니다. 빨강색 사각형으로 표시된 디렉터리를 마우스 클릭하여 안으로 들어갑니다.

4 빨강색 사각형으로 표시된 이미지를 다운로드 받습니다.

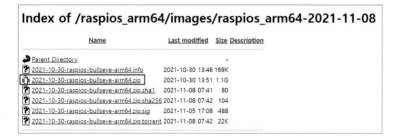

5 다운로드가 완료되면 압축 이미지를 풀어줍니다.

| 📦 2021-10-30-raspio....zip ∧ | 💿 2021-10-30-raspios-bullseye-arm64.img |

Raspberry Pi Imager 설치

Raspberry Pi Imager 프로그램을 다운로드 받고 설치합니다.

1 다음 사이트에 접속합니다.

https://www.raspberrypi.com/software/

2 그러면 다음과 같은 페이지로 이동합니다. OS 환경에 따라 세 가지 방법 중 하나를 선택할 수 있습니다. 여기서는 Windows 환경에서 이미지를 쓰도록 합니다. [Download for Windows] 링크를 마우스 클릭합니다.

3 다운로드 받은 imager.exe 실행파일을 마우스 클릭하여 설치를 진행합니다.

※ 2022년 1월 현재 imager_1.6.2 버전을 다운로드 받을 수 있습니다. 이전 버전을 사용하는 독자의 경우 이 프로그램을 새로 설치해야 합니다. imager_1.6.2의 경우 SSH 비밀번호 설정, wifi 설정을 자동으로 설정할 수 있어 편리합니다.

4 다음과 같이 [Raspberry Pi Imager] 설치 창이 뜹니다. [Install] 버튼을 누릅니다.

5 설치가 완료되면 다음과 같은 창이 뜹니다. [Finish] 버튼을 누릅니다.

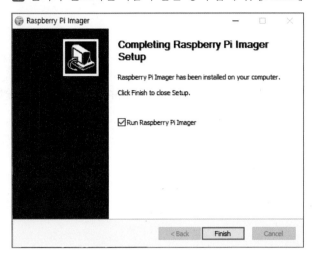

6 다음과 같이 Raspberry Pi Imager 프로그램이 실행됩니다. 이 프로그램을 이용하여 라즈베리파이 이미지를 마이크로 SD 카드에 씁니다.

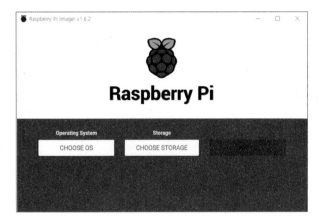

02_3 라즈베리파이 이미지 설치

이제 라즈베리파이 이미지를 Raspberry Pi Imager 프로그램을 이용하여 마이크로 SD카드에 씁니다.

1 [CHOOSE OS] 버튼을 마우스 클릭합니다.

CHOOSE OS

2 그러면 다음과 같이 [Operating System] 창이 뜹니다.

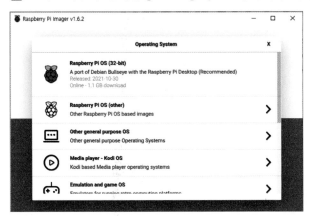

※ 첫 번째 메뉴는 최신 라즈베리파이 이미지를 인터넷에서 받아 설치할 때 사용합니다. 이 책에서는 직접 받은 이미지를 설치하도록 합니다.

3 아래로 이동하여 다음과 같이 [Use custom]을 선택합니다.

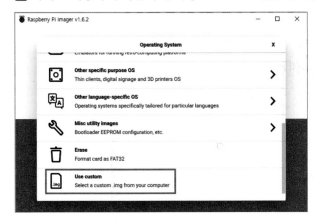

4 그러면 다음과 같이 [Select image] 창이 뜹니다. 압축을 풀어준 라즈베리파이 이미지를 찾아 선택한 후, [Open] 버튼을 누릅니다.

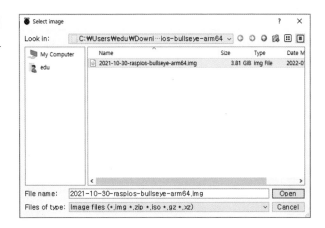

5 그러면 다음과 같이 표시됩니다.

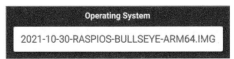

🌀 다음은 [CHOOSE ST...] 버튼을 마우스 클릭합니다.

CHOOSE ST...

7️⃣ USB 단자를 통해 PC에 연결된 SD 카드를 선택합니다. 그러면 다음과 같이 표시됩니다.

※ 이 책에서는 16GB SD 카드를 사용하고 있습니다.

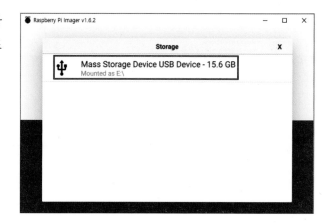

8️⃣ 그러면 다음과 같이 표시됩니다.

SSH와 WiFi 설정하기

[raspberry pi imager 1.6.2]의 경우 라즈베리파이의 SSH와 WiFi를 설정할 수 있는 기능을 제공합니다.

1️⃣ [Ctrl + Shift + X]키를 눌러줍니다. 그러면 다음과 같이 [Advanced options] 창이 뜹니다. 창을 조금 아래로 이동하여 SSH 활성화를 수행합니다.

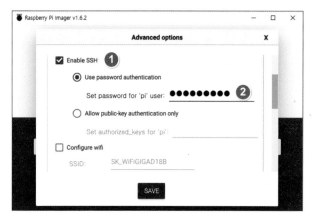

❶ [Enable SSH]를 체크하여 라즈베리파이의 SSH 서버를 활성화합니다.

❷ [pi] 사용자에 대한 비밀번호를 설정합니다. 설정한 비밀번호는 잊지 않도록 합니다. 필자의 경우 기본 비밀번호인 'raspberry'로 설정하였습니다.

2 창을 아래로 이동하여 wifi를 설정해 줍니다.

❶ [Configure wifi]를 체크해줍니다.

❷ 모바일 핫스팟에서 확인한 [네트워크 이름]과

❸ [네트워크 암호]를 차례대로 복사해 넣습니다.

[네트워크 이름]과 [네트워크 암호]가 틀리지 않도록 주의합니다.

❹ [Show password]를 체크하여 비밀번호를 확인할 수 있습니다.

❺ [SAVE] 버튼을 눌러 저장합니다.

3 [Write] 버튼을 눌러 이미지를 micro SD 카드에 씁니다.

4 다음과 같은 팝업창이 뜨면 [YES] 버튼을 눌러 설치를 진행합니다.

SD 카드의 성능에 따라 5~10분 정도의 시간이 걸립니다.

5 다음과 같이 완료가 되는 것을 확인합니다. [CONTINUE] 버튼을 누릅니다.

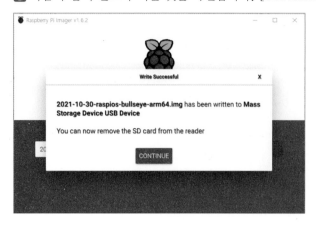

6 Raspberry Pi Imager 프로그램을 종료합니다.

02_4 라즈베리파이 부팅하기

이제 micro SD 카드를 라즈베리파이 보드에 장착하여 부팅을 수행해 봅니다.

1 micro SD 카드를 리더기에서 뺀 후, ❶ 라즈베리파이 보드에 끼워 넣은 후, ❷ USB 전원을 연결해 줍니다.

※ 부팅이 완료되는데 약 1~2분 정도의 시간이 필요합니다.

② 다음과 같이 모바일 핫스팟 블록에 접속 표시가 나타납니다. 모바일 핫스팟 블록 상에서 마우스 오른쪽 버튼을 눌러 [설정으로 이동] 메뉴를 띄운 후, [설정으로 이동] 메뉴를 마우스 왼쪽 버튼으로 선택합니다.

③ 다음과 같이 모바일 핫스팟에 라즈베리파이가 접속된 것을 확인합니다.

연결된 장치:	1/8	
장치 이름	IP 주소	물리적 주소(MAC)
raspberrypi	192.168.137.246	dc:a6:32:3b:d3:70

※ 필자의 라즈베리파이의 경우 [192.168.137.246] 주소를 할당받았습니다.

02_5 SSH 원격 접속하기

이제 ssh 클라이언트 프로그램을 이용하여 PC에서 라즈베리파이에 원격 접속합니다. ssh 클라이언트 프로그램은 putty, Tera Term 등이 있으며, 여기서는 putty 프로그램을 사용합니다.

putty 프로그램 설치하기

putty는 라즈베리파이 보드와 통신할 PC용 터미널 프로그램입니다.

① 다음과 같이 putty 프로그램을 검색합니다.

② 다음 사이트를 찾아 들어갑니다.

https://www.putty.org ▾
Download PuTTY - a free SSH and telnet client for Windows
PuTTY is an SSH and telnet client, developed originally by Simon Tatham for the Windows platform. **PuTTY** is open source software that is available with ...

3 다음과 같이 [Download PuTTY] 페이지가 열립니다. 빨간 화살표시의 [here] 링크를 마우스 클릭합니다.

4 페이지가 열리면 조금 아래로 이동하여 다음 부분을 찾습니다. [64-bit: putty-64bit-0.73-installer.msi] 링크를 누릅니다.

MSI ('Windows Installer')	
64-bit x86:	putty-64bit-0.76-installer.msi
64-bit Arm:	putty-arm64-0.76-installer.msi
32-bit x86:	putty-0.76-installer.msi

※ 32비트 윈도우의 경우 [32-bit: putty-0.73-installer.msi] 링크를 누릅니다.

여기서 잠깐! 　　내 운영체제 확인하기

내 운영체제가 32비트인지 64비트인지 모를 경우 다음과 같이 확인을 합니다.
컴퓨터 화면 좌측 하단에 있는 [파일 탐색기]를 마우스 클릭합니다.

[내 PC]를 마우스 오른쪽 클릭한 후, [속성]을 마우스 클릭합니다.

그러면 다음과 같이 [시스템] 창이 뜹니다. 화살표 표시된 부분에서 시스템 종류를 확인합니다.

---

5 다음과 같이 다운로드가 완료됩니다. 프로그램을 실행하여 설치를 시작합니다.

6 다음은 최초 설치 화면입니다. 기본 상태로 설치를 진행합니다.

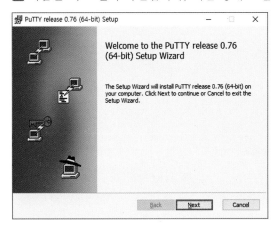

7 다음 창에서 [Finish] 버튼을 눌러 설치를 마칩니다.

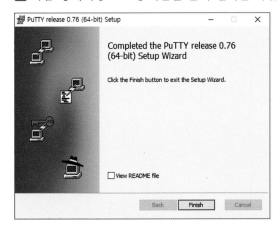

라즈베리파이 원격 접속하기

이제 설치한 putty 프로그램의 SSH 클라이언트 기능을 이용하여 라즈베리파이에 원격 접속해 봅니다. SSH 접속을 하면 라즈베리파이에 명령을 줄 수 있습니다.

1 다음 [검색] 창에서 [putty]를 입력해 [PuTTY] 앱을 찾아 실행합니다. [검색] 창은 윈도우 데스크탑 화면 하단 왼쪽에 있습니다.

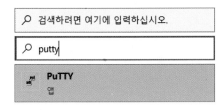

2 다음과 같이 [PuTTY 설정] 창이 뜹니다. 다음 순서로 라즈베리파이에 접속합니다.

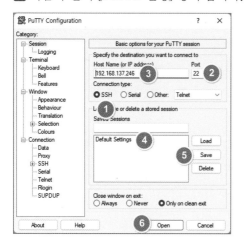

❶ [Connection type]은 [SSH]을 선택하고, ❷ 포트 번호를 확인한 후, ❸ [Host Name (or IP address)]에 앞에서 확인한 IP 주소를 입력합니다. 필자의 경우는 [192.168.137.246]입니다. ❹ [Saved Sessions]에서 [Default Settings]를 마우스로 선택한 후, ❺ [Save] 버튼을 눌러 저장합니다. 이렇게 하면 이후엔 현재 설정이 기본 설정이 됩니다. ❻ [Open] 버튼을 눌러 접속합니다.

3 처음엔 다음과 같은 [PuTTY 보안 경고] 창이 뜹니다. [예(Y)] 버튼을 누릅니다.

※ 이 창은 서버의 호스트 키를 PuTTY의 저장소에 저장할지를 묻는 창입니다.

4 그러면 다음과 같은 창이 뜹니다. ❶ [login as:]에 pi, ❷ [password:]에 독자 여러분이 라즈베리파이 이미지 설치시 설정했던 비밀번호를 입력합니다.

※ 암호는 화면에 표시되지 않습니다. 필자의 경우 비밀 번호를 [raspberry]로 설정하였습니다.

5 그러면 다음과 같이 SSH 원격접속이 됩니다. putty 창을 통해 라즈베리파이에 명령을 줄 수 있습니다.

```
login as: pi
pi@192.168.137.246's password:
Linux raspberrypi 5.10.92-v8+ #1514 SMP PREEMPT Mon Jan 17 17:39:38 GMT 2022 aar
ch64

The programs included with the Debian GNU/Linux system are free software;
the exact distribution terms for each program are described in the
individual files in /usr/share/doc/*/copyright.

Debian GNU/Linux comes with ABSOLUTELY NO WARRANTY, to the extent
permitted by applicable law.
Last login: Tue Jan 25 10:55:24 2022

SSH is enabled and the default password for the 'pi' user has not been changed.
This is a security risk - please login as the 'pi' user and type 'passwd' to set
 a new password.

pi@raspberrypi:~ $
```

02_6 삼바 서버 설치하기

여기서는 라즈베리파이에 삼바 서버를 설치하여 윈도우에서 라즈베리파이의 파일 시스템을 접근할 수 있도록 합니다. 삼바(samba)는 SMB(Server Message Block) 또는 CIFS(Common Internet File System)로 알려져 있으며 리눅스와 윈도우간에 파일 및 프린터를 공유할 수 있게 해 주는 프로그램입니다. 원래 윈도우와 리눅스/유닉스는 파일을 공유할 수 없지만, 삼바를 이용하여 윈도우와 리눅스간의 파일을 공유할 수 있습니다.

삼바 설치하기

먼저 apt 설치 프로그램 관리자 DB를 업데이트한 후에 삼바 서버를 설치합니다.

1 다음과 같이 명령을 입력합니다.

```
$ sudo apt update
$ sudo apt upgrade -y
```

apt 명령은 라즈비안 리눅스의 기반이 되는 데비안 계열의 리눅스의 프로그램 설치 관리 프로그램입니다. 위 명령을 이용하여 설치 프로그램 관리자 DB를 업데이트합니다. sudo는 pi 사용자에게 관리자 권한을 부여하여 명령을 수행하게 합니다. -y 옵션은 설치 진행 여부에 대한 yes 옵션입니다.

2 삼바 서버를 설치하기 위해 아래와 같이 명령어를 입력합니다.

```
$ sudo apt install samba samba-common-bin -y
```

-y 옵션은 설치 진행 여부에 대한 yes 옵션입니다.

삼바 서버 설정하기

다음은 pi 사용자의 파일 시스템을 윈도우에서 접속할 수 있도록 설정합니다.

1 다음과 같이 삼바 설정 파일을 엽니다.

```
$ sudo nano /etc/samba/smb.conf
```

nano는 간단한 리눅스 용 에디터입니다.

2 PGDN 키나 방향키를 이용하여 파일의 마지막으로 이동 후, 다음과 같이 추가합니다.

※ 소스와 함께 제공되는 다음 파일의 내용을 복사하면 오탈자를 방지할 수 있습니다.

[pi] : pi 사용자를 삼바 서버에 추가합니다.
comment : 설정에 대한 설명글을 나타냅니다.
path : 공유폴더의 위치를 지정합니다.
valid user : 공유폴더에 접근 가능한 사용자를 지정합니다.
writable : 공유폴더 내에 파일을 생성/쓰기 허용 여부를 설정합니다.
read only : 공유폴더 내의 파일에 대한 읽기 허용 여부를 설정합니다.
browseable : 공유폴더 내의 목록을 보여줄지를 설정합니다.

삼바설정.txt

```
[pi]
comment = rpi samba server
path = /home/pi
valid user = pi
writable = yes
read only = no
browseable = yes
```

위 내용을 복사한 후, putty 창에서 마우스 오른쪽 버튼을 누르면 붙여넣기가 됩니다.

3 위의 항목을 입력한 후에 [Ctrl + x]를 누른 후, 저장할지 물으면 [y]를 입력하여 저장합니다.

4 저장 후, Enter 를 입력하여 프로그램을 빠져 나옵니다.

```
File Name to Write: /etc/samba/smb.conf
^G Get Help       M-D DOS Format      M-A Append      M-B Backup File
^C Cancel         M-M Mac Format      M-P Prepend     ^T To Files
```

5 다음과 같이 [pi] 사용자에 대한 비밀번호를 설정합니다.

```
$ sudo smbpasswd -a pi
```

```
pi@raspberrypi:~ $ sudo smbpasswd -a pi
New SMB password: ① raspberry
Retype new SMB password: ② raspberry
Added user pi.
pi@raspberrypi:~ $
```

※ 비밀번호 입력 시 화면에 표시되지 않습니다. 필자의 경우엔 비밀번호를 raspberry로 설정하였습니다.

6 위의 설정파일을 적용하기 위해서는 삼바를 재실행해야 합니다. 다음과 같이 삼바를 재실행합니다.

```
$ sudo /etc/init.d/smbd restart
```

```
pi@raspberrypi:~ $ sudo /etc/init.d/smbd restart ◄
[ ok ] Restarting smbd (via systemctl): smbd.service.
pi@raspberrypi:~ $
```

삼바 접속하기

이제 윈도우에서 pi 사용자로 라즈베리파이의 삼바서버에 접속해 봅니다.

1 윈도우에서 [■ + r]키를 눌러 실행 창을 띄운 후, 라즈베리파이의 IP 주소를 입력하고 [확인] 버튼을 눌러 라즈베리파이로 접속합니다. 앞에서 확인한 IP 주소를 입력합니다. 필자의 경우는 [192.168.137.246]입니다.

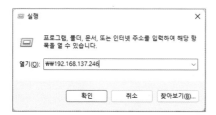

2 다음과 같이 라즈베리파이의 [pi] 사용자 폴더를 볼 수 있습니다. [pi] 폴더를 마우스 클릭합니다.

3 그러면 다음과 같은 창이 뜹니다. [삼바 설정하기]에서 설정한 사용자와 비밀번호를 입력하여 공유폴더에 접속합니다.

※ 접속이 안 될 경우 윈도우 PC를 재부팅해 봅니다.

4 다음과 같이 [pi] 사용자의 홈 디렉터리가 열립니다.

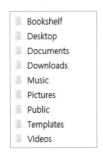

02_7 파이썬 편집기 설치하기

여기서는 파이썬 프로그램 작성을 위한 편집기를 설치합니다. 파이썬 편집기로는 PyCharm, Sublime Text, Atom, Visual Studio Code 등이 있으나 여기서는 가볍고 사용하기 쉬운 Notepad++을 설치합니다.

※ 독자 여러분의 선택에 따라 사용하기 편한 편집기를 사용해도 좋습니다.

1 다음과 같이 [notepad++] 홈페이지에 접속합니다.

2 다음과 같은 그림의 홈페이지가 열립니다.

3 다음 부분을 찾아 마우스 선택합니다.

Current Version 8.2

4️⃣ 그러면 우측에 다음과 같이 표시됩니다.

Download 64-bit x64

5️⃣ 다음 버튼을 누릅니다.

6️⃣ 다음과 같이 다운로드가 완료됩니다. 프로그램을 실행시켜 설치를 진행합니다. 설치는 기본 상태로 설치합니다.

7️⃣ 설치가 완료되면 다음과 같이 프로그램이 실행됩니다.

※ 이후에는 다음 아이콘을 이용하여 프로그램을 실행시킵니다.

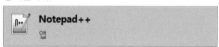

02_8 원격으로 실습하기

여기서는 pi 사용자의 홈 디렉터리에 myAILabs 실습 디렉터리를 만들고 myAILabs 실습 디렉터리로 이동하여 hello.py 파일을 만든 후, 파이썬 스크립트를 작성한 후, 실행해 봅니다.

실습 디렉터리 만들기

1️⃣ 다음과 같이 pi 디렉터리에서 [새 폴더] 메뉴를 선택한 후, [myAILabs] 디렉터리를 생성합니다.

2 ❶ [myAIlabs] 디렉터리로 이동한 후, ❷ [보기] 메뉴를 선택하고, ❸ [파일 확장명]을 체크해줍니다.

파일 생성하기

3 [myAIlabs] 디렉터리 상에서 마우스 오른쪽 버튼을 눌러 팝업창을 띄운 후, ❶ [새로 만들기(W)] 메뉴에서 ❷ [텍스트 문서]를 선택합니다.

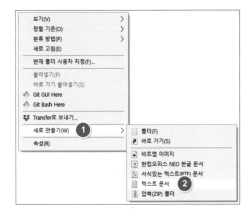

4 그러면 다음과 같이 [새 텍스트 문서.txt] 파일이 생성됩니다.

5 다음과 같이 파일명과 확장자를 [hello.py]로 바꿔줍니다.

파이썬 프로그램 작성하기

6 [hello.py] 파일 상에서 마우스 오른쪽 버튼을 눌러 팝업창을 띄운 후, [Edit with Notepad++] 메뉴를 선택합니다.

※ 독자 여러분이 즐겨 사용하는 편집기를 선택해도 좋습니다.

7 다음과 같이 작성합니다.

```
hello.py
   1    print('Hello Python~')
```

8 ctrl+s 키를 눌러 저장합니다.

```
hello.py
   1    print('Hello Python~')
```

※ 파일이 저장되면 아이콘이 파란색으로 바뀝니다.

파이썬 프로그램 실행하기

9 다음과 같은 순서로 파이썬 프로그램을 실행합니다.

```
pi@raspberrypi: ~/myAILabs
pi@raspberrypi:~ $ ls ①
Bookshelf   Documents   Music      Pictures   Templates
Desktop     Downloads   myAILabs   Public     Videos
pi@raspberrypi:~ $ cd myAILabs/ ②
pi@raspberrypi:~/myAILabs $ ls ③
hello.py
pi@raspberrypi:~/myAILabs $ python hello.py ④
Hello Python~
pi@raspberrypi:~/myAILabs $
```

❶ ls 명령은 현재 디렉터리의 내용을 보는 명령입니다. myAILabs 디렉터리를 확인합니다.
❷ cd 명령은 디렉터리를 이동하는 명령입니다. 여기서는 myAILabs 디렉터리로 이동합니다.
❸ ls 명령을 수행하여 myAILabs 디렉터리의 내용을 확인합니다. 좀 전에 저장한 hello.py 파일을 확인합니다.
❹ 파이썬 파일은 python 프로그램을 이용하여 실행합니다.

02_9 카메라 설정하기

여기서는 라즈베리파이 카메라를 활성화하고 비디오 영상을 윈도우로 전송해 봅니다.

카메라 활성화하기

먼저 카메라를 활성화합니다.

1 다음과 같이 명령을 수행합니다.

```
$ sudo raspi-config
```

2 다음과 같은 순서로 카메라를 활성화합니다.

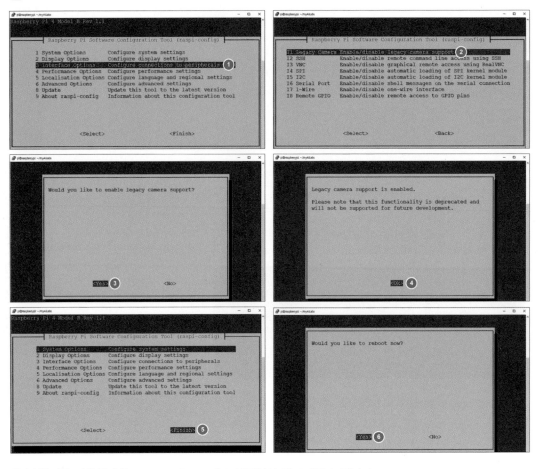

❶ 방향키를 이용하여 [3 Interface Options]로 이동하여 엔터키를 누릅니다.

❷ [I1 Legacy Camera] 항목이 선택된 상태에서 엔터키를 누릅니다.

❸ 방향키를 눌러 [〈Yes〉]로 이동한 후, 엔터키를 누릅니다.

❹ [〈OK〉]가 선택된 상태에서 엔터키를 누릅니다.

❺ 오른쪽 방향키를 눌러 [〈Finish〉]를 선택한 후, 엔터키를 누릅니다.

❻ 방향키를 눌러 [〈Yes〉]로 이동한 후, 엔터키를 눌러 재부팅을 수행합니다.

python3-opencv 설치

다음은 python3-opencv를 설치합니다.

1 재부팅이 완료되면 putty로 재접속합니다.

2 다음과 같이 opencv를 설치합니다.

```
$ sudo apt install python3-opencv -y
```

라즈베리파이에 gstreamer 설치하기

계속해서 video streaming을 위해 라즈베리파이에 gstreamer를 설치합니다. putty 창에 다음과 같이 차례대로 명령을 수행합니다.

```
$ sudo apt-get install libx264-dev libjpeg-dev -y
$ sudo apt-get install libgstreamer1.0-dev \
    libgstreamer-plugins-base1.0-dev \
    libgstreamer-plugins-bad1.0-dev \
    gstreamer1.0-plugins-ugly \
    gstreamer1.0-tools -y
```

윈도우에 gstreamer 설치하기

라즈베리파이로부터 영상을 수신하기 위해 윈도우에도 gstreamer를 설치합니다.

1 다음과 같이 [gsteramer windows]를 검색합니다.

2 다음 사이트로 들어갑니다.

https://gstreamer.freedesktop.org › download ▾
Download GStreamer

3 다음 링크를 찾아 파일을 다운로드 받습니다.

- MSVC 64-bit (VS 2019, Release CRT)
  ○ 1.20.0 runtime installer

4 파일을 실행하여 설치를 시작합니다.

gstreamer-1.0-ms....msi   ∧

5 다음과 같은 창이 뜨면 ❶ [추가 정보]를 누른 후, ❷ [실행] 버튼을 누릅니다.

6 기본 상태로 설치를 진행하다 다음 창에서 [Complete] 버튼을 눌러 설치를 진행합니다.

7 다음 디렉터리에서 gst-launch-1.0 파일을 확인합니다.

8 디렉터리의 경로를 복사합니다.

9 다음과 같이 명령창을 이용하여 [시스템 환경 변수 편집] 프로그램을 실행합니다.

10 그러면 다음과 같은 창이 뜹니다. [환경 변수 (N)...] 버튼을 누릅니다.

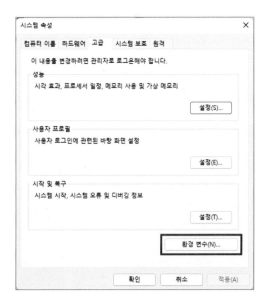

11 그러면 다음과 같은 창이 뜹니다. ❶ [Path]를 찾아 선택한 후, ❷ [편집(E)...] 버튼을 누릅니다.

12 그러면 다음과 같은 창이 뜹니다. ❶ [새로 만들기(N)]를 찾아 선택한 후, ❷ 8단계에서 복사한 디렉터리 경로를 붙여 넣은 후, ❸ [확인] 버튼을 누릅니다.

13 나머지 창에서도 [확인] 버튼을 눌러 설정을 완료합니다.

gstreamer 테스트하기

이제 gstreamer를 이용하여 라즈베리파이에서 영상을 보내고 윈도우에서 영상을 받아봅니다.

1 라즈베리파이 상에서 다음과 같이 명령을 수행합니다. 이렇게 하면 라즈베리파이 외부로 영상을 송신할 수 있습니다.

```
$ gst-launch-1.0 v4l2src device=/dev/video0 ! video/x-raw,width=640,height=480, framerate=30/1 !
videoconvert ! jpegenc ! tcpserversink  host=192.168.137.246 port=5000
```

gst-launch-1.0 명령을 이용하여 v4l2 디바이스 드라이버를 통해 카메라 모듈로부터 영상을 읽어옵니다. v4l2src device=/dev/video0은 GStreamer를 통해 카메라 영상을 읽는다는 의미입니다. !(느낌표)는 파이프라고 하며 느낌표 왼쪽으로부터 오는 데이터를 오른쪽 형태의 데이터로 변환한다는 의미입니다. video/x-raw는 Raw Video Media Types(비압축 영상 매체 형식)를 의미합니다. width는 이미지의 가로 크기로 여기서는 640픽셀을 사용합니다. height는 이미지의 세로 크기로 여기서는 480픽셀을 사용합니다. framerate는 초당 프레임수를 의미하며 30/1은 초당 30 프레임을 의미합니다. videoconvert는 video format을 변환하는 역할을 합니다. jpegenc는 video frame을 jpeg 형식으로 압축하는 역할을 합니다. tcpserversink는 tcp 서버로 영상이 흘러간다는 의미입니다. host 주소는 여러분의 라즈베리파이가 할당받은 주소로 설정하고 port는 5000을 사용합니다.

연결된 장치:	1/8	
장치 이름	IP 주소	물리적 주소(MAC)
raspberrypi	192.168.137.246	dc:a6:32:3b:d3:70

2 윈도우 상에서 다음과 같이 [명령 프롬프트]를 띄웁니다.

3 [명령 프롬프트] 상에서 다음과 같이 명령을 수행합니다. 이렇게 하면 라즈베리파이 영상을 원격 수신할 수 있습니다.

```
>gst-launch-1.0 tcpclientsrc host=192.168.137.246 port=5000 ! jpegdec ! videoconvert ! rotate angle=3.14 ! autovideosink
```

gst-launch-1.0 명령을 이용하여 tcp 클라이언트로 영상을 수신합니다. tcpclientsrc는 tcp 클라이언트로 영상을 수신한다는 의미입니다. !(느낌표)는 파이프라고 하며 느낌표 왼쪽으로부터 오는 데이터를 오른쪽 형태의 데이터로 변환한다는 의미입니다. host 주소는 여러분의 라즈베리파이가 할당받은 주소이고 port는 5000을 사용합니다. jpegdec는 jpeg 형식의 video frame을 압축해제하는 역할을 합니다. videoconvert는 video format을 변환하는 역할을 합니다. rotate angle=3.14는 화면을 180도 회전할 때 사용합니다. autovideosink는 영상 출력을 한다는 의미입니다.

4 영상이 송수신되는 것을 확인합니다. 카메라가 보고 있는 부분에 대한 영상이 출력됩니다.

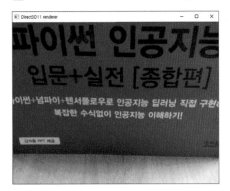

03_ 인공지능 자율주행 RC카 체험하기

이번 장에서는 인공지능 자율주행을 RC카를 체험해봅니다. 먼저 다음과 같이 제공되는 소스를 다운로드받은 후 PC의 Downloads 디렉터리로 answerbookAILabs 디렉터리를 옮겨 줍니다. 또 라즈베리파이의 pi 디렉터리로도 answerbookAILabs 디렉터리를 옮겨 줍니다.

> 내 PC > 다운로드 > answerbookAILabs >   > 네트워크 > 192.168.137.246 > pi > answerbookAILabs >

03_1 주행 도로 만들기

먼저 인공지능 자율주행 RC카가 주행할 도로를 만듭니다. 필자의 경우 동키카 시뮬레이터 체험에서 보았던 다음과 같은 형태로 도로를 만들었습니다.

다음은 필자가 만든 도로입니다.

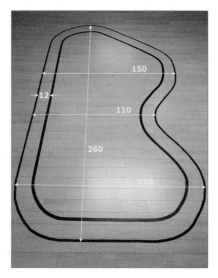

세로 방향으로는 최대 260cm, 가로 방향으로는 최대 150cm, 최소 110cm, 도로 폭은 12cm로 만들었습니다.

도로 폭의 경우 자동차 몸체의 폭과 같습니다. 자동차 몸체의 폭은 1x15구 레고의 크기와 같습니다. 다음은 필자가 사용한 테이프입니다. 다이소 등에서 저렴하게 구매할 수 있습니다.

필자의 경우 2개의 테이프를 사용하여 도로를 만들었습니다.

참고로 다음은 NVIDIA 사에서 정한 diy-ai-race 도로 규격입니다.

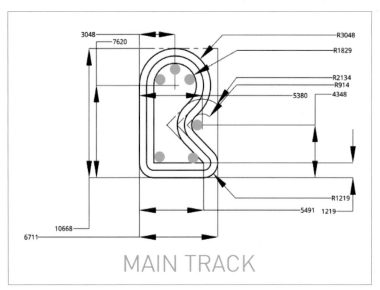

자세한 내용은 다음 사이트를 참고합니다.

https://developer.nvidia.com/embedded/diy-ai-race

03_2 라인트레이서로 주행 테스트하기

여기서는 라인트레이서 센서 값을 받아 주행하며 동시에 카메라 영상을 송수신하는 예제를 실행해 봅니다.

1 다음과 같이 RC카를 도로위에 놓습니다.

❶ 라즈베리파이에 전원이 연결된 것을 확인하고, ❷ 라즈베리파이 RC카 쉴드에 전원이 연결된 것을 확인하고, ❸ 모터 전원 스위치를 켭니다.

2 다음과 같이 모바일 핫스팟에 라즈베리파이가 접속된 것을 확인합니다.

연결된 장치:	1/8	
장치 이름	IP 주소	물리적 주소(MAC)
raspberrypi	192.168.137.246	dc:a6:32:3b:d3:70

3 PuTTY 앱을 이용하여 라즈베리파이에 원격 접속합니다.

4 다음과 같이 answerbookAILabs 디렉터리로 이동한 후, 예제를 실행합니다.

```
$ cd ~/answerbookAILabs
$ python 01_telnet_driving_pi.py
```

~ 표시는 리눅스에서 홈 디렉터리를 의미합니다.

다음은 실행 결과 화면입니다. 클라이언트 접속을 기다리고 있습니다.

```
Socket created
Socket bind complete
Socket now listening
```

5 PC에서 다음 디렉터리로 이동합니다.

6 다음 예제를 편집기로 엽니다.

📄 02_telnet_driving_pc.py

7 다음 부분을 독자 여러분의 라즈베리파이가 할당받은 주소로 변경합니다.

```
8    HOST_RPI = '192.168.137.246'
```

필자의 경우 라즈베리파이가 할당받은 주소는 '192.168.137.246'입니다. 다음 그림을 참조합니다.

연결된 장치:	1/8	
장치 이름	IP 주소	물리적 주소(MAC)
raspberrypi	192.168.137.246	dc:a6:32:3b:d3:70

8 명령 프롬프트 앱을 사용자 모드로 엽니다.

　 명령 프롬프트

9 다음과 같이 answerbookAILabs 디렉터리로 이동한 후, 예제를 실행합니다.

```
>cd Downloads\answerbookAILabs
>python 02_telnet_driving_pc.py
```

다음은 실행화면입니다.

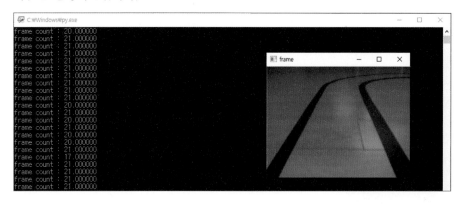

라인트레이서 센서 값에 따라 차선을 따라 주행하는 것을 확인합니다.

03_3 데이터 수집하기

다음은 인공지능 자율주행 RC카를 주행시키며 데이터를 수집합니다. 데이터는 주행 시 영상 데이터와 라인트레이서 센서 데이터를 수집합니다. 인공지능 학습 시 영상 데이터는 CNN 인공 신경망의입력 데이터가 되며 센서 데이터는 라벨 데이터가 됩니다. 이 예제에서는 4000개의 데이터를 수집하며 시간은 5분 정도 걸립니다. 데이터가 많을수록 인공 신경망의 학습 결과는 더 좋습니다. 그러나 학습 시간이 더 오래 걸리게 됩니다.

1 다음과 같이 RC카를 도로위에 놓습니다.

❶ 라즈베리파이에 전원이 연결된 것을 확인하고, ❷ 라즈베리파이 RC카 쉴드에 전원이 연결된 것을 확인하고, ❸ 모터 전원 스위치를 겹니다.

2 다음과 같이 모바일 핫스팟에 라즈베리파이가 접속된 것을 확인합니다.

연결된 장치:	1/8	
장치 이름	IP 주소	물리적 주소(MAC)
raspberrypi	192.168.137.246	dc:a6:32:3b:d3:70

3 PuTTY 앱을 이용하여 라즈베리파이에 원격 접속합니다.

4 다음과 같이 answerbookAILabs 디렉터리로 이동한 후, 예제를 실행합니다.

```
$ cd ~/answerbookAILabs
$ python 01_telnet_driving_pi.py
```

다음은 실행 결과 화면입니다. 클라이언트 접속을 기다리고 있습니다.

```
Socket created
Socket bind complete
Socket now listening
```

5 PC에서 다음 디렉터리로 이동합니다.

6 다음 예제를 엽니다.

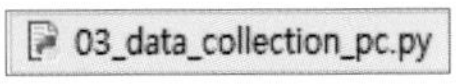

📄 03_data_collection_pc.py

7 다음 부분을 독자 여러분의 라즈베리파이가 할당받은 주소로 변경합니다.

```
10    HOST_RPI = '192.168.137.246'
```

필자의 경우 라즈베리파이가 할당받은 주소는 '192.168.137.246'입니다. 다음 그림을 참조합니다.

연결된 장치:	1/8	
장치 이름	IP 주소	물리적 주소(MAC)
raspberrypi	192.168.137.246	dc:a6:32:3b:d3:70

8 명령 프롬프트 앱을 사용자 모드로 엽니다.

┌─   명령 프롬프트

9 다음과 같이 answerbookAILabs 디렉터리로 이동한 후, 예제를 실행합니다.

```
>cd Downloads\answerbookAILabs
>python 03_data_collection_pc.py
```

다음은 실행화면입니다.

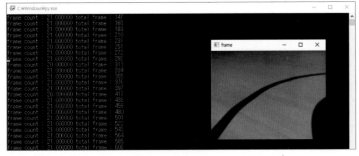

필자의 경우 4000개의 데이터를 수집하는데 5분 정도의 시간이 걸렸습니다.

※ 데이터 수집 시 도로면에 되도록이면 반사광이 없도록 합니다.
※ 데이터 수집 시 차량이 전진 속도가 너무 빨라 회전 곡선 진입부분에서 이탈하거나 곡선 도로에서 회전을 과하게 할 경우엔
라즈베리파이에 복사한 01_telnet_driving_pi.py 파일을 수정합니다.

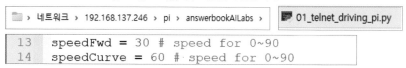

```
13    speedFwd = 30 # speed for 0~90
14    speedCurve = 60 # speed for 0~90
```

전진 속도가 빠를 경우엔 13줄의 속도값을 줄여주고, 회전 속도가 빠를 경우엔 14줄의 속도값을 줄여줍니다.

10 answerbookAILabs 디렉터리에 다음과 같이 데이터 수집용 디렉터리가 생성된 것을 확인합니다.

11 디렉터리의 내용을 확인합니다.

📁 forward
📁 left
📁 right
📄 0_road_labels.csv

3개의 디렉터리에는 전진 동작, 좌회전 동작, 우회전 동작에 대한 사진이 있습니다. 0_road_labels.
csv 파일에는 3개의 디렉터리에 저장된 사진의 경로명과 센서 데이터값이 기록되어 있습니다.

03_4 CNN 인공 신경망 학습하기

여기서는 앞에서 수집한 데이터를 이용하여 CNN 인공 신경망을 학습시켜 봅니다. 여기서 학습시킬
CNN 인공 신경망은 다음과 같은 형태로 동키카에서 사용하는 인공 신경망입니다.

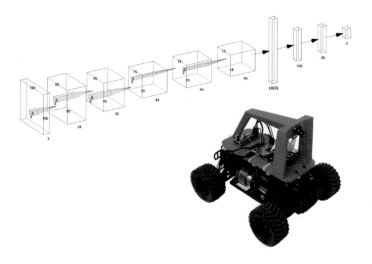

1 다음과 같이 윈도우 하단의 검색창에 [cmd]를 입력합니다.

2 다음과 같이 ❶ [명령 프롬프트] 상에서 마우스 오른쪽 버튼을 눌러 팝업창을 띄운 후, ❷ [관리자 권한으로 실행] 메뉴를 선택해 줍니다.

3 다음과 같은 패키지들을 설치해 줍니다.

```
>pip install tqdm
>pip install sklearn
>pip install pillow
```

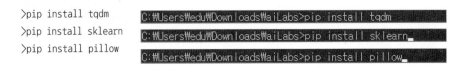

4 PC에서 다음 디렉터리로 이동합니다.

5 제공되는 소스에서 다음 예제를 엽니다.

```
04_cnn_training_pc.py
```

6 다음 부분을 데이터 수집 단계에서 생성된 디렉터리 이름으로 변경합니다.

```
8    dirname = "data.1642935772.124137/"
```

다음과 같이 데이터 수집을 위해 생성된 디렉터리의 이름을 넣어줍니다.

```
data.1642935772.124137
```

디렉터리의 이름을 복사할 경우, 오타를 막기 위해 다음과 같이 디렉터리 이름 부분을 왼쪽 마우스 클릭하여 음영 처리가 되게 한 후, Ctrl + C 키를 눌러 복사한 후, 8줄의 문자열 부분에 Ctrl + V 키를 눌러 붙여넣어줍니다.

```
data.1642935772.124137
```

7 명령 프롬프트 앱을 사용자 모드로 엽니다.

```
명령 프롬프트
```

8 다음과 같이 answerbookAILabs 디렉터리로 이동한 후, 예제를 실행합니다.

```
>cd Downloads\answerbookAILabs
>python 04_cnn_training_pc.py
```

다음은 실행 결과 화면입니다.

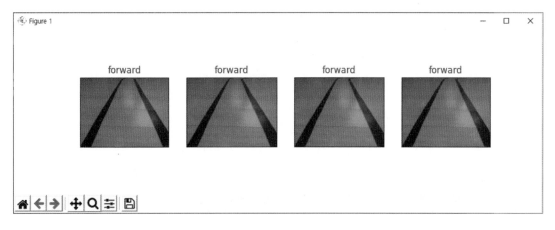

수집된 데이터 파일을 읽어오고, 마지막에 수집된 5개의 데이터 정보를 출력하고, 입력 데이터와 라벨 데이터의 텐서 모양을 출력합니다.

처음 4개에 대한 이미지와 라벨이 출력됩니다. 창을 닫아 줍니다.

전체 데이터의 개수는 4000개이며, 학습용 데이터는 3200개, 검증용 데이터는 400개, 시험용 데이터는 400입니다.

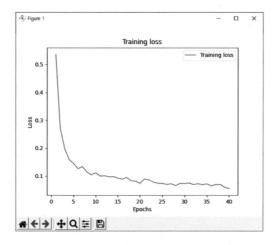

학습이 진행됨에 따라 오차가 줄어드는 것을 확인합니다.

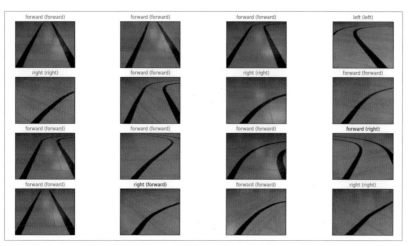

필자의 경우 최종 학습 정확도는 ❶ 95.03%, 검증 정확도는 ❷ 92.25%가 나왔습니다.

시험 데이터 중 16개를 임의로 뽑아 예측 값과 실제 값을 출력한 그림입니다. 각 그림에 대해 예측 값(실제 값)으로 결과를 보여주고 있습니다.

※ 필자의 경우 학습시간은 5분 정도 걸렸습니다. 컴퓨터 사양에 따라 더 빠르거나 오래 걸릴 수도 있습니다.

9 aiLabs 디렉터리에 생성된 model.h5 파일을 확인합니다.

📄 model.h5	2022-01-23 오후 4:12	H5 파일	19,408KB

크기는 19.4MB입니다. 이 파일은 학습된 인공지능 파일로 다음 단계에서 사용하게 됩니다.

03_5 CNN 인공지능 자율주행하기

이제 이전 단원에서 학습한 인공 신경망을 이용하여 자율주행을 수행해 봅니다.

1 라인트레이서 센서를 제거하고 RC카를 도로위에 놓습니다.

❶ 라즈베리파이에 전원이 연결된 것을 확인하고, ❷ 라즈베리파이 RC카 쉴드에 전원이 연결된 것을 확인하고, ❸ 모터 전원 스위치를 켭니다.

2 다음과 같이 모바일 핫스팟에 라즈베리파이가 접속된 것을 확인합니다.

연결된 장치:	1/8	
장치 이름	IP 주소	물리적 주소(MAC)
raspberrypi	192.168.137.246	dc:a6:32:3b:d3:70

3 PuTTY 앱을 이용하여 라즈베리파이에 원격 접속합니다.

4 다음과 같이 answerbookAILabs 디렉터리로 이동한 후, 예제를 실행합니다.

```
$ cd answerbookAILabs
$ python 01_telnet_driving_pi.py
```

다음은 실행 결과 화면입니다. 클라이언트 접속을 기다리고 있습니다.

```
Socket created
Socket bind complete
Socket now listening
```

5 PC에서 다음 디렉터리로 이동합니다.

6 다음 예제를 엽니다.

📄 06_ai_driving_thread_pc.py

7 다음 부분을 독자 여러분의 라즈베리파이가 할당받은 주소로 변경합니다.

```
12    HOST_RPI = '192.168.137.246'
```

필자의 경우 라즈베리파이가 할당받은 주소는 '192.168.137.246'입니다. 다음 그림을 참조합니다.

연결된 장치:	1/8	
장치 이름	IP 주소	물리적 주소(MAC)
raspberrypi	192.168.137.246	dc:a6:32:3b:d3:70

8 명령 프롬프트 앱을 사용자 모드로 엽니다.

```
      명령 프롬프트
```

9 다음과 같이 answerbookAILabs 디렉터리로 이동한 후, 예제를 실행합니다.

```
>cd Downloads\answerbookAILabs
>python 06_ai_driving_thread_pc.py
```

다음은 실행 결과 화면입니다.

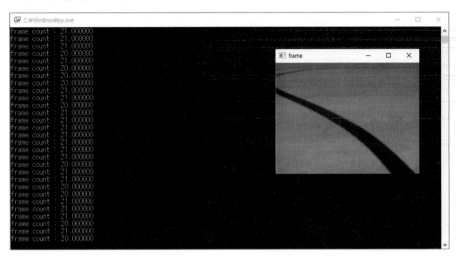

인공지능 자율주행 RC카가 영상을 보고 자율 주행하는 것을 확인합니다.

※ 자율주행 시 차량이 전진 속도가 너무 빨라 회전 곡선 진입부분에서 이탈하거나 곡선 도로에서 회전을 과하게 할 경우엔 라즈베리파이에 복사한 01_telnet_driving_pi.py 파일을 수정한 후, 자율주행을 다시 시도해 봅니다. 데이터 수집과 CNN 학습과정을 다시 수행하지 않아도 됩니다.

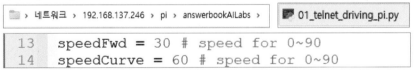

```
13    speedFwd = 30 # speed for 0~90
14    speedCurve = 60 # speed for 0~90
```

전진 속도가 빠를 경우엔 13줄의 속도값을 줄여주고, 회전 속도가 빠를 경우엔 14줄의 속도값을 줄여줍니다. 예를 들어 speedFwd 값을 15로 변경하고 테스트를 해 봅니다.

인공지능 자율주행 자동차 코딩하기 1

이번 장에서는 자율주행 RC카 구동을 위해 필요한 라즈베리파이 파이썬 패키지의 사용법을 익혀봅니다. 먼저 디버깅을 위한 print 함수를 살펴보고, 다음으로 모터 제어를 위한 GPIO와 PWM의 원리를 공부하여 DC 모터를 제어해 봅니다. 또, 인공지능 학습시 필요한 라벨 데이터를 생성할 라인트레이서 센서를 공부합니다. 마지막으로 프로그램이 원활하게 돌아가게 하기 위해 쓰레드와 메시지 큐에 대해 공부합니다.

01_ print 함수

여기서는 print 함수에 대한 사용법을 익혀봅니다. print 함수는 문자열과 숫자를 출력해 주는 함수로 프로그램 내부의 중요한 정보를 사용자에게 알려줍니다. 파이썬에서 문자열을 출력하고자 할 경우엔 print 함수를 사용하면 됩니다.

01_1 print

print 함수는 문자열과 숫자를 출력해 주는 함수로 프로그램 내부의 중요한 정보를 사용자에게 알려줍니다.

1 다음과 같이 예제를 작성합니다.

311.py

```
01 print( " Hello. I ' m Raspberry Pi~ " )
```

01 : print 함수를 호출하여 "Hello. I'm Raspberry Pi~" 문자열을 출력합니다.

2 다음과 같이 예제를 실행합니다.

```
$ python 311.py
```

프로그램을 실행시키면 "Hello. I'm Raspberry Pi~" 문자열이 출력됩니다.

```
Hello. I'm Raspberry Pi~
```

01_2 while

어떤 일을 반복하고자 할 경우엔 while 문을 사용합니다.

1 다음과 같이 예제를 수정합니다.

312.py

```
01 while True:
02      print( " Hello. I ' m Raspberry Pi~ " )
```

01 : while True 문을 수행하여 1,2 줄을 무한 반복합니다. 온점(:)은 while 문의 시작을 나타냅니다. while 문 안에서 동작하는 문장은 while 문 보다 탭 문자 하나만큼 들여 써야 합니다. 또는 스페이스 문자 4 개만큼 들여 쓰기도 합니다. 여기서는 print 함수가 while 문의 영향을 받습니다.

02 : print 함수를 호출하여 "Hello. I'm Raspberry Pi~" 문자열을 출력합니다.

2 다음과 같이 예제를 실행합니다.

```
$ python 312.py
```

프로그램을 실행시키면 "Hello. I'm Raspberry Pi~" 문자열이 빠른 속도로 무한 출력됩니다.

```
Hello. I'm Raspberry Pi~
Hello. I'm Raspberry Pi~
Hello. I'm Raspberry Pi~
```

프로그램을 강제 종료하기 위해서는 Ctrl 키를 누른 채로 C 키를 눌러줍니다. 그러면 다음과 같이 키보드 인터럽트가 발생했다는 메시지가 뜹니다.

```
^CHello. I'm Raspberry Pi~
Traceback (most recent call last):
  File "_02_while_ture.py", line 2, in <module>
    print("Hello. I'm Raspberry Pi~")
KeyboardInterrupt
```

인터럽트 처리 메시지를 보이지 않게 하기 위해서는 키보드 인터럽트를 직접 처리해주면 됩니다.

01_3 try~except

여기서는 키보드 인터럽트를 처리하기 위해 try~except문을 살펴봅니다.

1 다음과 같이 예제를 작성합니다.

313.py

```
01 try:
02      while True:
03              print( "Hello. I'm Raspberry Pi~" )
04 except KeyboardInterrupt:
05      pass
```

01, 04 : 키보드 인터럽트를 처리하기 위해 try~except 문을 사용합니다. try~except 문은 예외 처리를 하고자 할 경우 사용하며 여기서는 키보드 인터럽트 처리를 위해 사용하고 있습니다. try~except 문은 정상적인 처리와 예외 처리를 따로 구분하여 코드에 대한 가독성을 높여 주는 역할을 합니다. try 문 아래에서 정상적인 처리를 하며 정상적인 처리를 하다가 예외가 발생할 경우 except 문으로 이동하여 처리합니다.

02 : while 문을 try 문보다 탭 문자 하나만 큼 들여 써서 try문 안에서 동작하게 합니다.

05 : pass문을 이용하여 아무것도 수행하지 않습니다. pass 문은 특별히 수행하고자 할 코드가 없을 경우 사용합니다. 온점(:)으로 시작하는 구문, 예를 들어 여기서는 try, except, while 문은 적어도 하나의 문장을 수행해야 하며, 굳이 수행하고자 하는 문장이 없을 경우 pass 문을 사용합니다.

2 다음과 같이 예제를 실행합니다.

```
$ python 313.py
```

프로그램을 실행시키면 "Hello. I'm Raspberry Pi~" 문자열이 빠른 속도로 반복해서 출력됩니다.

```
Hello. I'm Raspberry Pi~
Hello. I'm Raspberry Pi~
Hello. I'm Raspberry Pi~
```

프로그램을 강제 종료하기 위해서 Ctrl 키를 누른 채로 C 키를 눌러줍니다. 키보드 인터럽트에 대해 pass 문을 이용하여 처리하는 것을 볼 수 있습니다.

```
Hello. I'm Raspberry Pi~
Hello. I'm Raspberry Pi~
^CHello. I'm Raspberry Pi~
```

※ 처리해야할 오류가 둘일 경우엔 try~except~except 문을 사용하여 처리할 수 있습니다. 즉, 오류의 종류에 따라 except 문을 추가할 수 있습니다.

01_4 time.sleep

시간에 대한 지연을 주고자 할 경우엔 time 라이브러리의 sleep 함수를 사용합니다.

1 다음과 같이 예제를 작성합니다.

314.py

```
01 import time
02
03 try:
04     while True:
05             print("Hello. I'm Raspberry Pi~")
06             time.sleep(0.5)
07 except KeyboardInterrupt:
08     pass
```

01 : time 모듈을 불러옵니다. 6줄에서 time 모듈이 제공하는 sleep 함수를 사용하기 위해 필요합니다.

06 : time 모듈이 제공하는 sleep 함수를 호출하여 0.5초간 지연을 줍니다.

2 다음과 같이 예제를 실행합니다.

```
$ python 314.py
```

프로그램을 실행시키면 "Hello. I'm Raspberry Pi~" 문자열이 0.5초마다 반복해서 출력됩니다.

```
Hello. I'm Raspberry Pi~
Hello. I'm Raspberry Pi~
Hello. I'm Raspberry Pi~
```

프로그램을 강제 종료하기 위해서는 Ctrl 키를 누른 채로 C 키를 눌러줍니다.

01_5 문자열, 숫자 출력하기

여기서는 print 함수를 이용하여 문자열, 숫자를 출력해봅니다.

1 다음과 같이 예제를 작성합니다.

315.py

```
01 print("Hello. I'm Raspberry Pi~")
02 print(78)
03 print(1.23456)
```

01 : 문자열을 출력합니다.
02 : 10진수 정수 78을 출력합니다.
03 : 실수 1.23456을 10진 실수 문자열로 변환하여 출력합니다.

2 다음과 같이 예제를 실행합니다.

```
$ python 315.py
```

실행 결과는 다음과 같습니다.

```
Hello. I'm Raspberry Pi~
78
1.23456
```

01_6 형식 문자열 사용하기

여기서는 문자열 형식을 이용하여 문자열, 숫자를 출력해봅니다. 문자열 형식은 출력하고자 하는 문자열 내에 % 문자를 이용하여 문자열과 숫자를 표시하는 방법입니다.

1 다음과 같이 예제를 작성합니다.

316.py

```
01 print( " %s " % "Hello. I 'm Raspberry Pi~ " )
02 print( " %d " %78)
03 print( " %f " %1.23456)
```

01 : %s는 문자열 형식(string format)을 나타내며 %s 자리에 들어갈 문자열은 %"Hello. I'm Raspberry Pi~" 부분이 됩니다.
주의할 점은 첫 번째 문자열과 두 번째 문자열 사이에 쉼표(,)가 들어가지 않습니다.
02 : %d는 십진수 형식(decimal format)을 나타내며 %d 자리에 들어갈 문자열은 %78 부분이 됩니다.
03 : %f는 실수 형식(floating point format)을 나타내며 %f 자리에 들어갈 문자열은 %1.23456 부분이 됩니다.

2 다음과 같이 예제를 실행합니다.

```
$ python 316.py
```

실행 결과는 다음과 같습니다.

```
Hello. I'm Raspberry Pi~
78
1.234560
```

01_7 정수, 실수 출력하기

여기서는 문자열 형식을 이용하여 10진수와 16진수 정수를 출력해 봅니다. 또, 10진 실수의 소수점
이하 출력을 조절해 봅니다.

1 다음과 같이 예제를 작성합니다.

317.py

```
01 print( " %d " %78)
02 print( " %d %x " %(78, 78))
03 print( " %.0f " %1.23456)
04 print( " %.2f " %1.23456)
05 print( " %.4f " %1.23456)
```

01 : %d 형식은 정수를 10진수 문자열로 변환하는 형식입니다. 여기서는 정수 78을 10진수 문자열로 변환하여 출력합니
다. %d에 맞추어 출력할 숫자는 % 뒤에 붙여줍니다. %78과 같이 % 뒤에 10진수 78을 붙였습니다.
02 : %x 형식은 정수를 16진수 문자열로 변환하는 형식입니다. 여기서는 정수 78을 10진수와 16진수 문자열로 변환하여
출력합니다. 포맷이 하나 이상일 경우엔 %뒤에 ( ) 안에 넣어줍니다. % 뒤에 (78, 78)를 붙였습니다.
03 : 실수 1.23456을 소수점 이하 0개까지 10진 실수 문자열로 변환하여 출력합니다.
04 : 실수 1.23456을 소수점 이하 2개까지 10진 실수 문자열로 변환하여 출력합니다.
05 : 실수 1.23456을 소수점 이하 4개까지 10진 실수 문자열로 변환하여 출력합니다.

2 다음과 같이 예제를 실행합니다.

```
$ python 317.py
```

실행 결과는 다음과 같습니다.

```
78
78 4e
1
1.23
1.2346
```

01_8 str.format 함수 사용해 보기

이전 예제에서 살펴본 %를 이용한 문자열 출력은 C에서 사용하던 방식입니다. 여기서는 파이썬3 이후부터 지원하는 str.format 함수를 이용한 방법을 소개합니다.

1 다음과 같이 이전 예제를 수정합니다.

318.py

```
01 print( "{}" .format(78))
02 print( "{} {:x}" .format(78, 78))
03 print( "{:.0f}" .format(1.23456))
04 print( "{:.2f}" .format(1.23456))
05 print( "{:.4f}" .format(1.23456))
```

01 : 정수 78을 출력합니다. str.format 함수는 출력하고자 하는 문자열에 대해 format 함수를 붙여서 사용합니다. format 함수의 인자에 대응하는 문자열은 중괄호 {}로 표현합니다.

02 : 정수 78을 십진수와 십육진수로 표현합니다. 십육진수로 표현하고자 할 경우엔 중괄호 {} 안에 형식 문자를 넣어줍니다. 십육진수의 형식 문자는 :x입니다. 이전 예제에서 %대신 :을 사용합니다. 문자열 내의 첫 번째 중괄호는 format 함수의 첫 번째 인자, 두 번째 중괄호는 두 번째 인자에 대응됩니다.

03 : 실수 1.23456 값을 소수점 이하 0개까지 10진 실수 문자열로 변환하여 출력합니다. 실수의 기본 형식은 :f입니다. 이전 예제에서 %대신 :을 사용합니다.

04 : 실수 1.23456 값을 소수점 이하 2개까지 10진 실수 문자열로 변환하여 출력합니다.

08 : 실수 1.23456 값을 소수점 이하 4개까지 10진 실수 문자열로 변환하여 출력합니다.

2 다음과 같이 예제를 실행합니다.

```
$ python 318.py
```

실행 결과는 다음과 같습니다.

```
78
78 4e
1
1.23
1.2346
```

02_ Rpi.GPIO.output 함수

RPi.GPIO 모듈이 제공하는 output 함수는 할당된 핀에 True 또는 False을 써서 할당된 핀을 VCC 또는 GND로 연결하는 역할을 합니다. 다음은 라즈베리파이 RC카 쉴드 상에 있는 전조등, 후미등입니다.

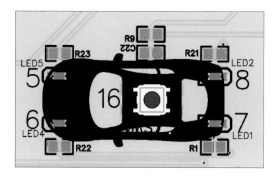

전조등은 라즈베리파이의 5, 6번 핀을 이용하여 제어할 수 있으며, 후미등은 라즈베리파이의 7, 8번 핀을 이용하여 제어할 수 있습니다.

여기서는 Rpi.GPIO.output 함수를 이용하여 라즈베리파이의 8번 핀에 연결된 LED를 켜보고 꺼보는 예제를 수행해 봅니다. 또 반복적으로 켜고 끄는 주기를 짧게 해가며 아래 그림과 같은 사각 파형에 대해서도 알아보도록 합니다.

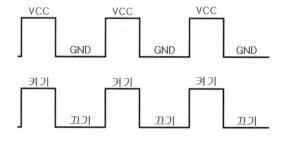

사각 파형을 제어하는 원리는 라즈베리파이 RC카 모터의 속도 조절 원리가 됩니다.

02_1 LED 켜고 끄기

여기서는 Rpi.GPIO.output 함수를 이용하여 8번 핀에 연결된 LED를 켜고 꺼봅니다.

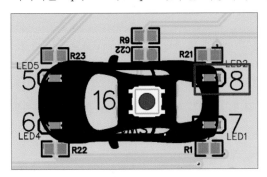

LED 켜기

먼저 Rpi.GPIO.output 함수를 이용하여 LED를 켜 봅니다.

1 다음과 같이 예제를 작성합니다.

321.py

```
01 import RPi.GPIO as GPIO
02
03 led_pin = 8
04
05 GPIO.setmode(GPIO.BCM)
06
07 GPIO.setup(led_pin, GPIO.OUT)
08
09 GPIO.output(led_pin, True)
10
11 try:
12     while True:
13         pass
14 except KeyboardInterrupt:
15     pass
16
17 GPIO.cleanup()
```

01 : RPi.GPIO 모듈을 GPIO라는 이름으로 불러옵니다. RPi.GPIO 모듈은 05,07,09,17줄에 있는 setmode, setup, output, cleanup 함수들을 가지고 있으며 이 함수들을 사용하기 위해 필요합니다.

03 : led_pin 변수를 선언한 후, 8로 초기화합니다. 여기서 8은 BCM GPIO 핀 번호를 나타냅니다.

05 : GPIO.setmode 함수를 호출하여 BCM GPIO 핀 번호를 사용하도록 설정합니다.

07 : GPIO.setup 함수를 호출하여 led_pin을 GPIO 출력으로 설정합니다. 이렇게 하면 led_pin으로 True 또는 False를 써 led_pin에 연결된 LED를 켜거나 끌 수 있습니다.

09 : GPIO.output 함수를 호출하여 led_pin을 True로 설정합니다. 이렇게 하면 led_pin에 연결된 LED가 켜집니다.

12, 13 : 빈 while 문을 수행하여 LED가 켜진 상태를 유지하도록 합니다. while 문을 끝내기 위해서는 CTRL+C 키를 누릅니다. `Ctrl` + `C` 키를 누르면 14줄로 이동하여 키보드 인터럽트를 처리합니다.

17 : GPIO.cleanup 함수를 호출하여 GPIO 핀의 상태를 초기화해 줍니다.

2 다음과 같이 예제를 실행합니다.

```
$ python 321.py
```

LED가 켜지는 것을 확인합니다. CTRL+C 키를 누르면 LED가 꺼지면서 프로그램의 수행이 멈추게 됩니다.

LED 끄기

다음은 Rpi.GPIO.output 함수를 이용하여 LED를 꺼 봅니다.

1 다음과 같이 예제를 수정합니다.

321_2.py

```
01 import RPi.GPIO as GPIO
02 import time
03
04 led_pin = 8
05
06 GPIO.setmode(GPIO.BCM)
07
08 GPIO.setup(led_pin, GPIO.OUT)
09
10 GPIO.output(led_pin, True)
11 time.sleep(2.0)
12 GPIO.output(led_pin, False)
13
14 GPIO.cleanup()
```

02 : sleep 함수를 사용하기 위하여 time 모듈을 불러옵니다.
10 : GPIO.output 함수를 호출하여 led_pin을 True로 설정합니다. 이렇게 하면 led_pin에 연결된 LED가 켜집니다.
11 : time.sleep 함수를 호출하여 2.0초간 기다립니다.
12 : GPIO.output 함수를 호출하여 led_pin을 False로 설정합니다. 이렇게 하면 led_pin에 연결된 LED가 꺼집니다.

2 다음과 같이 예제를 실행합니다.

```
$ python 321_2.py
```

LED가 켜졌다 2.0초 후에 꺼지는 것을 확인합니다.

02_2 LED 점멸 반복해보기

여기서는 Rpi.GPIO.output 함수를 이용하여 LED를 켜고 *끄고*를 반복해 봅니다.

1 다음과 같이 예제를 수정합니다.

322.py

```
01 import RPi.GPIO as GPIO
02 import time
03
04 led_pin = 8
05
06 GPIO.setmode(GPIO.BCM)
07
08 GPIO.setup(led_pin, GPIO.OUT)
09
10 try:
11     while True:
12             GPIO.output(led_pin, True)
13             time.sleep(0.5)
14             GPIO.output(led_pin, False)
15             time.sleep(0.5)
16 except KeyboardInterrupt:
17     pass
18
19 GPIO.cleanup()
```

11 : 계속해서 11~15줄을 수행합니다.
12 : GPIO.output 함수를 호출하여 led_pin을 True로 설정합니다. 이렇게 하면 led_pin에 연결된 LED가 켜집니다.
13 : time.sleep 함수를 호출하여 0.5 초간 지연을 줍니다.
14 : GPIO.output 함수를 호출하여 led_pin을 False로 설정합니다. 이렇게 하면 led_pin에 연결된 LED가 꺼집니다.
15 : time.sleep 함수를 호출하여 0.5 초간 지연을 줍니다.

2 다음과 같이 예제를 실행합니다.

```
$ python 322.py
```

1초 주기로 LED가 켜졌다 꺼졌다 하는 것을 확인합니다. 즉, 1Hz의 주파수로 LED가 점멸하는 것을 확인합니다.

LED의 점등은 led_pin을 통해 나오는 True 값에 의해 발생합니다. LED의 소등은 led_pin을 통해 나오는 False 값에 의해 발생합니다. 즉, led_pin으로는 위 그림과 같이 True, False 값에 의해 HIGH, LOW 신호가 1초 주기로 나오게 되며, 이 값들에 의해 LED는 점멸을 반복하게 됩니다. 그리고 이 경우 여러분은 LED가 점멸 하는 것을 느낄 수 있습니다.

프로그램을 강제 종료하기 위해서는 Ctrl 키를 누른 채로 C 키를 눌러줍니다.

02_3 LED 점멸 간격 줄여보기

여기서는 Rpi.GPIO.output 함수와 time.sleep 함수를 이용하여 아래와 같은 사각 파형에 대한 주파수와 상하비의 개념을 이해해 보도록 합니다.

주파수란 1초간 반복되는 사각 파형의 개수를 의미하며, 상하비란 사각 파형의 HIGH 구간과 LOW 구간의 비를 의미합니다. 이제 LED의 점멸 간격을 줄여보도록 합니다. 그러면 여러분은 좀 더 조밀하게 LED가 점멸하는 것을 느낄 것입니다.

1 다음과 같이 예제를 수정합니다.

323.py

```
01 import RPi.GPIO as GPIO
02 import time
03
04 led_pin = 8
05
06 GPIO.setmode(GPIO.BCM)
07
08 GPIO.setup(led_pin, GPIO.OUT)
09
10 try:
11     while True:
12             GPIO.output(led_pin, True)
13             time.sleep(0.05)
14             GPIO.output(led_pin, False)
15             time.sleep(0.05)
16 except KeyboardInterrupt:
17     pass
18
19 GPIO.cleanup()
```

13, 15 : 0.5를 0.05로 변경합니다. 즉, 0.05 초간 지연을 줍니다.

2 다음과 같이 예제를 실행합니다.

```
$ python 323.py
```

이 예제의 경우 LED는 초당 10번 점멸 하게 됩니다. 즉, 10Hz의 주파수로 점멸하게 됩니다.

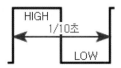

그림과 같은 파형이 초당 10개가 생성됩니다. 이 경우에도 여러분은 반복적으로 LED가 점멸하는 것을 느낄 것입니다. 그러나 그 간격은 더 조밀하게 느껴질 것입니다.

프로그램을 강제 종료하기 위해서는 Ctrl 키를 누른 채로 C 키를 눌러줍니다.

02_4 LED 점멸을 밝기로 느껴보기

LED의 점멸 간격을 더 줄여보도록 합니다. 여기서 여러분은 LED의 점멸을 느끼지 못하게 될 것입니다. 오히려 LED가 일정한 밝기로 켜져 있다고 느낄 것입니다.

1 다음과 같이 예제를 수정합니다.

324.py

```
01 import RPi.GPIO as GPIO
02 import time
03
04 led_pin = 8
05
06 GPIO.setmode(GPIO.BCM)
07
08 GPIO.setup(led_pin, GPIO.OUT)
09
10 try:
11     while True:
12         GPIO.output(led_pin, True)
13         time.sleep(0.005)
14         GPIO.output(led_pin, False)
15         time.sleep(0.005)
16 except KeyboardInterrupt:
17     pass
18
19 GPIO.cleanup()
```

13, 15 : 0.05를 0.005으로 변경합니다. 즉, 0.005 초간 지연을 줍니다.

2 다음과 같이 예제를 실행합니다.

```
$ python 324.py
```

이 예제의 경우 LED는 초당 100번 점멸 하게 됩니다. 즉, 100Hz의 주파수로 점멸하게 됩니다.

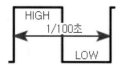

그림과 같은 파형이 초당 100개가 생성됩니다. 이제 여러분은 LED가 점멸하는 것을 느끼지 못할 것입니다. 오히려 LED가 일정하게 켜져 있다고 느낄 것입니다. 일반적으로 이러한 파형이 초당 43개이상이 되면, 즉, 43Hz 이상의 주파수로 LED 점멸을 반복하면 우리는 그것을 느끼기 어렵습니다. 프로그램을 강제 종료하기 위해서는 **Ctrl** 키를 누른 채로 **C** 키를 눌러줍니다.

※ 파이썬의 경우 통역 방식의 언어이기 때문에 실제 실행 속도는 C 언어와 같은 번역 방식의 언어보다 많이 늦습니다. 그래서 이 예제의 경우 실제로는 100Hz의 속도를 내기 어려울 수 있습니다. 그래서 LED가 깜빡이는 현상이 발생할 수 있습니다.

02_5 LED 밝기 변경해 보기

이제 Rpi.GPIO.output 함수와 time.sleep 함수를 이용하여 LED의 밝기를 변경해 보도록 합니다. 이전 예제의 경우 LED는 100Hz의 속도로 50%는 점등을, 50%는 소등을 반복하였습니다. 그리고 이 경우 우리는 LED의 밝기를 평균값인 50%의 밝기로 느꼈습니다. 만약 LED에 대해 10%는 점등을, 90%는 소등을 반복한다면 우리는 LED의 밝기를 어떻게 느낄까요? 평균 10%의 밝기로 느끼게 되지 않을까요? 예제를 통해 확인해 보도록 합니다.

LED 어둡게 해 보기

먼저 사각파형의 HIGH 구간을 10%로 해 LED를 어둡게 해 봅니다.

1 다음과 같이 예제를 수정합니다.

325.py

```
01 import RPi.GPIO as GPIO
02 import time
03
04 led_pin = 8
05
06 GPIO.setmode(GPIO.BCM)
```

```
07
08 GPIO.setup(led_pin, GPIO.OUT)
09
10 try:
11     while True:
12             GPIO.output(led_pin, True)
13             time.sleep(0.001)
14             GPIO.output(led_pin, False)
15             time.sleep(0.009)
16 except KeyboardInterrupt:
17     pass
18
19 GPIO.cleanup()
```

13 : 0.005를 0.001로 변경합니다.
15 : 0.005를 0.009로 변경합니다.

2 다음과 같이 예제를 실행합니다.

```
$ python 325.py
```

이 예제의 경우도 LED는 초당 100번 점멸 하게 됩니다. 즉, 100Hz의 주파수로 점멸하게 됩니다. 그러나 10%는 점등 상태로, 90%는 소등 상태로 있게 됩니다. 그래서 우리는 LED가 이전 예제에 비해 어둡다고 느끼게 됩니다.

그림에서 LED는 실제로 10%만 점등 상태이지만 100Hz의 주파수로 점멸하기 때문에 우리는 10%의 평균 밝기로 느끼게 됩니다. 10%는 True 값에 의해 켜져 있고 90%는 False 값에 의해 꺼져있으며, 이 경우 (HIGH:LOW)=(1:9)이 되게 됩니다. 즉, 상하비가 1:9가 됩니다.
프로그램을 강제 종료하기 위해서는 Ctrl 키를 누른 채로 C 키를 눌러줍니다.

LED 밝게 해보기

다음은 사각파형의 HIGH 구간을 90%로 해 LED를 밝게 해 봅니다.

1 다음과 같이 예제를 수정합니다.

325_2.py

```
01 import RPi.GPIO as GPIO
02 import time
03
04 led_pin = 8
05
06 GPIO.setmode(GPIO.BCM)
07
08 GPIO.setup(led_pin, GPIO.OUT)
09
10 try:
11     while True:
12             GPIO.output(led_pin, True)
13             time.sleep(0.009)
14             GPIO.output(led_pin, False)
15             time.sleep(0.001)
16 except KeyboardInterrupt:
17     pass
18
19 GPIO.cleanup()
```

13 : 0.001을 0.009로 변경합니다.
15 : 0.009를 0.001로 변경합니다.

2 다음과 같이 예제를 실행합니다.

```
$ python 325_2.py
```

이 예제의 경우도 LED는 초당 100번 점멸 하게 됩니다. 즉, 100Hz의 주파수로 점멸하게 됩니다. 그러나 90%는 점등 상태로, 10%는 소등 상태로 있게 됩니다. 그래서 우리는 LED가 이전 예제에 비해 아주 밝다고 느끼게 됩니다.

그림에서 LED는 실제로 90%만 점등 상태이지만 100Hz의 주파수로 점멸하기 때문에 우리는 90%의 평균 밝기로 느끼게 됩니다. 90%는 HIGH 구간에 의해 켜져 있고 10%는 LOW 구간에 의해 꺼져있으며, 이 경우 (HIGH:LOW)=(9:1)이 되게 됩니다. 즉, 상하비가 9:1이 됩니다.
프로그램을 강제 종료하기 위해서는 Ctrl 키를 누른 채로 C 키를 눌러줍니다.

02_6 LED 밝기 조절해 보기

여기서는 10밀리 초 간격으로 시작해서 1초 간격으로 다음의 상하비로 LED의 밝기를 조절해 보도록 합니다.

```
0:10, 1:9, 2:8, 3:7 ... 10:0
```

즉, HIGH 구간의 개수는 0부터 10까지 차례로 늘어나며, 반대로 LOW 구간의 개수는 10부터 0까지 차례로 줄게 됩니다.

1 다음과 같이 예제를 수정합니다.

326.py

```
01 import RPi.GPIO as GPIO
02 import time
03
04 led_pin = 8
05
06 GPIO.setmode(GPIO.BCM)
07
08 GPIO.setup(led_pin, GPIO.OUT)
09
10 try:
11     while True:
12         for t_high in range(0,11):
13             GPIO.output(led_pin, True)
14             time.sleep(t_high*0.001)
15             GPIO.output(led_pin, False)
16             time.sleep((10-t_high)*0.001)
17 except KeyboardInterrupt:
18     pass
19
20 GPIO.cleanup()
```

12 : t_high 변수를 0이상 11 미만의 정수에 대해, 13~16줄을 수행합니다.
13,14 : LED를 켜고 0.001*t_high 초만큼 기다립니다.
15,16 : LED를 끄고 0.001*(10-t_high) 초만큼 기다립니다.
14,16 : 0.001*(t_high + (10 − t_high)) = 0.001*10 = 0.01초가 되어 for문을 한 번 도는 데는 10밀리 초 정도가 되며 for문 전체를 도는 데는 10밀리 초*11회=110밀리 초 정도가 됩니다.

2 다음과 같이 예제를 실행합니다.

```
$ python 326.py
```

10밀리 초 간격으로 다음의 비율로 LED가 밝아집니다.

```
0%, 10% 20%, 30%, ... 100%
```

아래와 같은 형태의 파형으로 LED의 밝기가 변합니다.

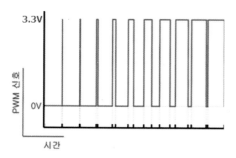

이 예제의 경우 밝기의 변화가 너무 빨라 밝기가 변하는 것을 느끼기는 힘듭니다. 깜빡임으로 느낄 수도 있습니다. 밝기 변화 주기가 110밀리 초이며, 이는 초당 9번 정도의 횟수가 되기 때문에 느끼기 어려울 수 있습니다.

프로그램을 강제 종료하기 위해서는 Ctrl 키를 누른 채로 C 키를 눌러줍니다.

❸ 다음과 같이 예제를 수정합니다.

326_2.py

```
01 import RPi.GPIO as GPIO
02 import time
03
04 led_pin = 8
05
06 GPIO.setmode(GPIO.BCM)
07
08 GPIO.setup(led_pin, GPIO.OUT)
09
10 try:
11     while True:
12         for t_high in range(0,11):
13             cnt = 0
14             while True:
15                 GPIO.output(led_pin, True)
16                 time.sleep(t_high*0.001)
17                 GPIO.output(led_pin, False)
18                 time.sleep((10-t_high)*0.001)
19
```

```
20                                    cnt += 1
21                                    if cnt==10: break
22 except KeyboardInterrupt:
23         pass
24
25 GPIO.cleanup()
```

13 : cnt 변수를 선언한 후, 0으로 초기화합니다.
14 : 계속해서 14~21줄을 수행합니다.
20 : cnt 값을 하나씩 증가시킵니다.
21 : cnt 값이 10이 되면 내부 while 문을 나옵니다.

이렇게 하면 14~21줄을 cnt값이 0에서 9까지 10회 반복하게 됩니다. 그러면 t_high 값을 유지하는 시간을 10밀리 초(0.01초)에서 100밀리 초(0.1초)로 늘릴 수 있습니다. for 문을 수행하는 시간도 110밀리 초(0.11초)에서 1100밀리 초(1.1초)로 늘릴 수 있으며, 우리는 LED 밝기의 변화를 느낄 수 있습니다.

4 다음과 같이 예제를 실행합니다.

```
$ python 326_2.py
```

1.1 초 주기로 LED의 밝기가 변하는 것을 느낄 수 있습니다.
프로그램을 강제 종료하기 위해서는 Ctrl 키를 누른 채로 C 키를 눌러줍니다.

03_ Rpi.GPIO.PWM 모듈

이전 예제에서 우리는 100Hz의 속도로 0~10 개의 True 값으로 LED의 밝기를 조절해 보았습니다. Rpi.GPIO.PWM 모듈을 사용할 경우 빠른 주파수와 더 조밀한 상하비로 LED의 밝기를 조절할 수 있습니다. GPIO.PWM 모듈을 이용하여 상하비를 0.0~100.0% 단계로 조절할 수 있습니다. 우리는 뒤에서 GPIO.PWM 모듈을 이용하여 모터의 속도를 조절하게 됩니다.

Rpi.GPIO.PWM 모듈은 GPIO 핀에 소프트웨어적으로 아래와 같은 형태의 사각 파형을 내보낼 수 있습니다.

소프트웨어적이란 말은 CPU가 소프트웨어를 읽고 수행한다는 의미로 CPU가 직접 핀 제어를 통해 신호를 내 보낸다는 의미입니다.

여기서는 RPi.GPIO 모듈이 제공하는 PWM 클래스를 이용하여 PWM 객체를 생성한 후, LED의 밝기를 조절해봅니다.

03_1 LED 점멸 반복해 보기

먼저 Rpi.GPIO.PWM 클래스를 이용하여 8번 핀에 연결된 LED의 점멸을 반복해 봅니다.

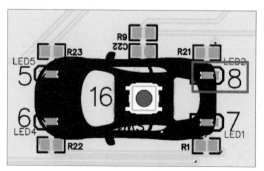

1 다음과 같이 예제를 작성합니다.

331.py

```
01 import RPi.GPIO as GPIO
02
03 led_pin = 8
04
05 GPIO.setmode(GPIO.BCM)
06
07 GPIO.setup(led_pin, GPIO.OUT)
08
09 pwm = GPIO.PWM(led_pin, 1.0) # 1.0Hz
10 pwm.start(50.0) # 0.0~100.0
11
12 try:
13     while True:
14         pass
15 except KeyboardInterrupt:
16     pass
17
18 pwm.stop()
19 GPIO.cleanup()
```

01 : RPi.GPIO 모듈을 GPIO로 불러옵니다. RPi.GPIO 모듈은 05,07,19줄에 있는 setmode, setup, cleanup 함수들과 09줄에 있는 PWM 클래스를 가지고 있습니다.

03 : led_pin 변수를 선언한 후, 8로 초기화합니다. 여기서 8은 BCM GPIO 핀 번호를 나타냅니다.

05 : GPIO.setmode 함수를 호출하여 BCM GPIO 핀 번호를 사용하도록 설정합니다.

07 : GPIO.setup 함수를 호출하여 led_pin을 GPIO 출력으로 설정합니다.

09 : GPIO.PWM 객체를 하나 생성한 후, pwm 변수가 가리키도록 합니다. GPIO.PWM 객체 생성 시, 첫 번째 인자는 핀 번호가 되며, 두 번째 인자는 주파수 값이 됩니다. 주파수 값은 0.0보다 큰 실수 값입니다. 예제에서는 1.0을 주고 있으며, 이 경우 1.0Hz의 주파수가 led_pin에 생성됩니다.

10 : pwm 객체의 start 함수를 호출하여 PWM 파형을 내보내기 시작합니다. start 함수의 인자는 0.0~100.0 사이의 실수 값으로 사각파형의 HIGH 구간의 비율을 나타냅니다. 여기서는 PWM 파형의 HIGH 구간을 50.0%로 설정하고 있습니다.

13, 14 : 빈 while 문을 수행하여 LED 핀으로 나가는 PWM 파형이 유지되도록 합니다. while 문을 끝내기 위해서는 Ctrl + C 키를 누릅니다.

18 : pwm 객체에 대해 stop 함수를 호출하여 PWM 파형 출력을 멈춥니다.

19 : GPIO.cleanup 함수를 호출하여 GPIO 핀의 상태를 초기화해 줍니다.

2 다음과 같이 예제를 실행합니다.

```
$ python 331.py
```

1초 주기로 LED가 점멸 하는 것을 확인합니다. 즉, 1Hz의 주파수로 LED가 점멸하는 것을 확인합니다.

03_2 LED 점멸 간격 줄여보기

이제 LED의 점멸 간격을 줄여보도록 합니다. 그러면 여러분은 좀 더 조밀하게 LED가 점멸하는 것을 느낄 것입니다.

1 예제를 다음과 같이 수정합니다.

332.py

```
01 import RPi.GPIO as GPIO
02
03 led_pin = 8
04
05 GPIO.setmode(GPIO.BCM)
06
07 GPIO.setup(led_pin, GPIO.OUT)
08
09 pwm = GPIO.PWM(led_pin, 10.0) # 10.0Hz
10 pwm.start(50.0) # 0.0~100.0
11
12 try:
13     while True:
14         pass
15 except KeyboardInterrupt:
16     pass
17
18 pwm.stop()
19 GPIO.cleanup()
```

09 : GPIO.PWM 객체 생성 부분에서 두 번째 인자를 10.0으로 변경합니다. 이 경우 10.0Hz의 주파수가 led_pin에 생성됩니다.

2 다음과 같이 예제를 실행합니다.

```
$ python 332.py
```

이 예제의 경우 LED는 초당 10번 점멸 하게 됩니다. 즉, 10Hz의 주파수로 점멸하게 됩니다.

03_3 LED 점멸을 밝기로 느껴보기

LED의 점멸 간격을 더 줄여보도록 합니다. 여기서 여러분은 LED의 점멸을 느끼지 못하게 될 것입니다. 오히려 LED가 일정하게 켜져 있다고 느낄 것입니다.

1 예제를 다음과 같이 수정합니다.

333.py

```
01 import RPi.GPIO as GPIO
02
03 led_pin = 8
04
05 GPIO.setmode(GPIO.BCM)
06
07 GPIO.setup(led_pin, GPIO.OUT)
08
09 pwm = GPIO.PWM(led_pin, 100.0) # 100.0Hz
10 pwm.start(50.0) # 0.0~100.0
11
12 try:
13     while True:
14             pass
15 except KeyboardInterrupt:
16     pass
17
18 pwm.stop()
19 GPIO.cleanup()
```

09 : GPIO.PWM 객체 생성 부분에서 두 번째 인자를 100.0으로 변경합니다. 이 경우 100.0Hz의 주파수가 led_pin에 생성됩니다.

2 다음과 같이 예제를 실행합니다.

```
$ python 333.py
```

이 예제의 경우 LED는 초당 100번 점멸하게 됩니다. 즉, 100Hz의 주파수로 점멸하게 됩니다.

그림과 같은 파형이 초당 100개가 생성됩니다. 이제 여러분은 LED가 점멸하는 것을 느끼지 못할 것입니다. 오히려 LED가 일정한 밝기로 켜져 있다고 느낄 것입니다.

03_4 LED 밝기 100단계 조절해 보기

주파수를 늘리면 LED의 점멸이 더 부드러워집니다. 여기서는 주파수를 늘려 LED 점멸을 좀 더 부드럽게 만들어 봅니다.

1 예제를 다음과 같이 수정합니다.

```
334.py
01 import RPi.GPIO as GPIO
02
03 led_pin = 8
04
05 GPIO.setmode(GPIO.BCM)
06
07 GPIO.setup(led_pin, GPIO.OUT)
08
09 pwm = GPIO.PWM(led_pin, 1000.0) # 1000.0Hz
10 pwm.start(50.0) # 0.0~100.0
11
12 try:
13     while True:
14             pass
15 except KeyboardInterrupt:
16     pass
17
18 pwm.stop()
19 GPIO.cleanup()
```

09 : GPIO.PWM 클래스 객체 생성 부분에서 두 번째 인자를 1000.0으로 변경합니다. 이 경우 1000.0Hz의 주파수가 led_pin에 생성됩니다.

2 다음과 같이 예제를 실행합니다.

```
$ python 334.py
```

이 예제의 경우 LED는 초당 1000번 점멸하게 됩니다. 즉, 1000Hz의 주파수로 점멸하게 됩니다. 이전 예제와 마찬가지로 LED가 일정한 밝기로 켜져 있다고 느낄 것입니다.

3 예제를 다음과 같이 수정합니다.

334_2.py

```
01 import RPi.GPIO as GPIO
02
03 led_pin = 8
04
05 GPIO.setmode(GPIO.BCM)
06
07 GPIO.setup(led_pin, GPIO.OUT)
08
09 pwm = GPIO.PWM(led_pin, 1000.0) # 1000.0Hz
10 pwm.start(10.0) # 0.0~100.0
11
12 try:
13     while True:
14         pass
15 except KeyboardInterrupt:
16     pass
17
18 pwm.stop()
19 GPIO.cleanup()
```

10 : pwm 객체의 start 함수의 인자를 10.0으로 변경해 줍니다. 이렇게 하면 PWM 파형의 HIGH 구간이 10.0%로 설정됩니다.

4 다음과 같이 예제를 실행합니다.

```
$ python 334_2.py
```

이 예제의 경우도 LED는 초당 1000번 점멸 하게 됩니다. 즉, 1000Hz의 주파수로 점멸하게 됩니다. 그러나 10%는 점등 상태로, 90%는 소등 상태로 있게 됩니다. 그래서 우리는 LED가 이전 예제에 비해 어둡다고 느끼게 됩니다.

그림에서 LED는 실제로 10%만 점등 상태이지만 1000Hz의 주파수로 점멸하기 때문에 우리는 10%의 평균 밝기로 느끼게 됩니다.

프로그램을 강제 종료하기 위해서는 Ctrl 키를 누른 채로 C 키를 눌러줍니다.

5 예제를 다음과 같이 수정합니다.

334_3.py

```
01 import RPi.GPIO as GPIO
02
03 led_pin = 8
04
05 GPIO.setmode(GPIO.BCM)
06
07 GPIO.setup(led_pin, GPIO.OUT)
08
09 pwm = GPIO.PWM(led_pin, 1000.0) # 1000.0Hz
10 pwm.start(90.0) # 0.0~100.0
11
12 try:
13       while True:
14             pass
15 except KeyboardInterrupt:
16      pass
17
18 pwm.stop()
19 GPIO.cleanup()
```

10 : pwm 객체의 start 함수의 인자를 90.0으로 변경해 줍니다. 이렇게 하면 PWM 파형의 HIGH 구간이 90.0%로 설정됩니다.

6 다음과 같이 예제를 실행합니다.

```
$ python 334_3.py
```

이 예제의 경우도 LED는 초당 1000번 점멸 하게 됩니다. 즉, 1000Hz의 주파수로 점멸하게 됩니다. 그러나 90%는 점등 상태로, 10%는 소등 상태로 있게 됩니다. 그래서 우리는 LED가 이전 예제에 비해 아주 밝다고 느끼게 됩니다.

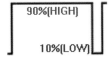

그림에서 LED는 실제로 90%만 점등 상태이지만 1000Hz의 주파수로 점멸하기 때문에 우리는 90%의 평균 밝기로 느끼게 됩니다. 90%는 HIGH 구간에 의해 켜져 있고 10%는 LOW 구간에 의해 꺼져 있으며, 이 경우 (HIGH:LOW)=(9:1)이 되게 됩니다. 즉, 상하비가 9:1이 됩니다.

프로그램을 강제 종료하기 위해서는 Ctrl 키를 누른 채로 C 키를 눌러줍니다.

7 예제를 다음과 같이 수정합니다.

334_4.py

```
01 import RPi.GPIO as GPIO
02 import time
03
04 led_pin = 8
05
06 GPIO.setmode(GPIO.BCM)
07
08 GPIO.setup(led_pin, GPIO.OUT)
09
10 pwm = GPIO.PWM(led_pin, 1000.0) # 1.0Hz
11 pwm.start(0.0) # 0.0~100.0
12
13 try:
14     while True:
15         for t_high in range(0,101):
16             pwm.ChangeDutyCycle(t_high)
17             time.sleep(0.01)
18 except KeyboardInterrupt:
19     pass
20
21 pwm.stop()
22 GPIO.cleanup()
```

15 : t_high 변수를 0부터 101미만의 정수에 대해, 16,17줄을 수행합니다.

16 : pwm 객체의 ChangeDutyCycle 함수를 호출하여 PWM 파형의 상하비를 변경해 줍니다. ChangeDutyCycle 함수는 PWM 파형의 상하비를 변경하는 함수로 인자로 0.0~100.0 사이의 실수값을 줄 수 있습니다. 11 번째 줄에서 start 함수를 호출하여 PWM 파형의 초기 상하비를 설정한 이후에, 상하비를 변경하고자 할 경우엔 ChangeDutyCycle 함수를 사용합니다.

17 : time.sleep 함수를 호출하여 0.01초만큼 기다립니다.

8 다음과 같이 예제를 실행합니다.

```
$ python 334_4.py
```

0.01초(=10밀리 초) 간격으로 다음의 비율로 LED가 밝아집니다.

```
0%, 1% 2%, 3%, ..., 97%, 98%, 99%, 100%
```

프로그램을 강제 종료하기 위해서는 Ctrl 키를 누른 채로 C 키를 눌러줍니다.

04_ 모터 제어하기

이 책에서 다루는 자율주행 RC카는 ㈜케이로봇(www.k-robot.com)의 제품인 KR-250 DC 모터 기어박스를 사용합니다.

본 책에서는 ㈜케이로봇의 KR-250 DC 모터를 레고 블록과 조합하여 다음 그림과 같이 자동차 프레임을 구성하였습니다.

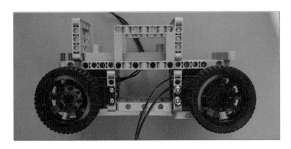

㈜케이로봇은 다양한 형태의 품질좋은 DC모터와 서보모터를 생산하는 국내 회사입니다. 독자 여러분도 필요한 모터가 있다면 ㈜케이로봇(k-robot.com)을 방문해 보시기 바랍니다.

DC 모터 기어박스에는 일반적으로 다음과 같은 형태의 DC 모터가 들어가 있습니다.

DC 모터는 모터를 구동시키기 위해 다음과 같은 형태의 탄소 브러시가 사용됩니다.

이 브러시는 다음과 같은 형태로 직류기(commutator)를 통해 코일과 연결됩니다.

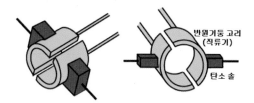

즉, 다음 그림과 같이 전지로부터의 전류가 탄소 솔과 직류기를 통해 코일로 전류가 흐르면서 회전을 하게 됩니다.

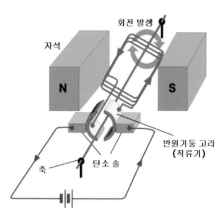

DC 모터는 두 개의 핀으로 구성되며, 극성은 없습니다. 연결 방식에 따라 모터의 회전 방향만 바뀌게 됩니다.

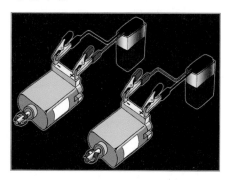

DC 모터는 일반적으로 정격 전압에 따라 출력이 달라집니다. 아래 그림에서는 각각 9V와 12V 정격 전압을 사용하는 DC 모터를 나타내고 있습니다.

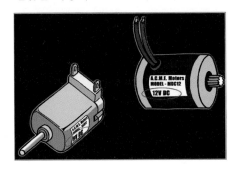

3.3V의 낮은 전압을 사용하는 라즈베리파이로 9V나 12V의 높은 전압을 사용하는 모터를 제어하기 위해서는 추가적인 모터 드라이버가 필요합니다. 모터 드라이버의 주된 역할은 제어를 위한 라즈베리파이의 3.3V 전원과 모터의 동력을 만드는 데 필요한 9V나 12V의 전원을 분리하는 것입니다. 즉, 라즈베리파이를 모터 전원으로부터 분리해 보호하는 역할을 합니다.

라즈베리파이 RC카 쉴드 상에는 다음과 같이 4개의 모터 드라이버가 장착되어 있습니다.

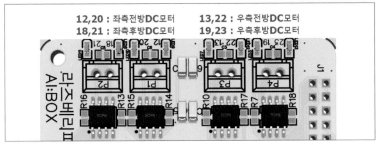

모터 드라이버는 총 4개의 모터를 개별적으로 제어할 수 있습니다. 좌측 전방과 후방의 모터는 라즈베리파이의 12, 20, 18, 21 번핀으로 제어합니다. 우측 전방과 후방의 모터는 라즈베리파이의 13, 22, 19, 23 번핀으로 제어합니다. 모터는 기본적으로 배터리를 통해 구동되어야 합니다. 따라서 모터를 구동시키기 위해서는 배터리를 장착한 후, 다음 스위치를 [모터켜기] 위치로 이동시켜야 합니다.

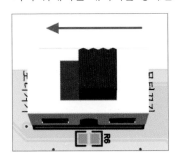

04_1 오른쪽 앞바퀴 전진 코딩하기

여기서는 오른쪽 앞바퀴의 모터를 전진 시키며 속도를 증가시켜 보도록 합니다.

1 다음과 같이 예제를 작성합니다.

341.py

```python
01 import RPi.GPIO as GPIO
02 import time
03
04 GPIO.setmode(GPIO.BCM)
05
06 dcMotors = [22,13]
07 wheels = []
08 MOT_FREQ = 1000.0
09
10 # init motor
11 GPIO.setup(dcMotors[0], GPIO.OUT)
12 GPIO.output(dcMotors[0], False)
13
14 GPIO.setup(dcMotors[1], GPIO.OUT)
15 wheel = GPIO.PWM(dcMotors[1], MOT_FREQ)
16 wheel.start(0.0)
17 wheels.append(wheel)
18
19 # go forward
20 GPIO.output(dcMotors[0], True)
21
22 # speed up
23 for spd in range(100,-1,-1):
24     print(spd)
25     wheels[0].ChangeDutyCycle(spd)
26     time.sleep(0.1)
27
28 time.sleep(1)
29
30 # stop motor
31 GPIO.output(dcMotors[0], False)
32 wheels[0].ChangeDutyCycle(0)
33
34 wheels[0].stop()
35 GPIO.cleanup()
```

01 : RPi.GPIO 모듈을 GPIO라는 이름으로 불러옵니다.

02 : time 모듈을 불러옵니다.

04 : GPIO.setmode 함수를 호출하여 BCM GPIO 핀 번호를 사용하도록 설정합니다.

06 : dcMotors 변수를 선언하고 22, 13번 핀 리스트로 초기화합니다. 22, 13번 핀은 오른쪽 앞바퀴를 제어하는 핀입니다.

07 : wheels 변수를 선언하고 빈 리스트로 초기화합니다. wheels 리스트는 17,25,32 줄에서 사용하며 바퀴의 속도를 조절하는데 사용합니다.

08 : MOT_FREQ 변수를 선언하고 1000.0으로 초기화합니다. 1000.0은 PWM 주파수로 1000.0Hz를 의미합니다.

11~17 : 모터를 초기화합니다.

11 : GPIO.setup 함수를 호출하여 dcMotors[0] 핀에 대해 출력으로 설정합니다.

12 : GPIO.output 함수를 호출하여 dcMotors[0] 핀을 False로 설정합니다.

14 : GPIO.setup 함수를 호출하여 dcMotors[1] 핀에 대해 출력으로 설정합니다.

15 : wheel 변수를 선언하고 GPIO.PWM 객체로 초기화합니다. GPIO.PWM 객체의 첫 번째 인자로 dcMotors[1] 핀을 주고, 두 번째 인자로 MOT_FREQ 값을 줍니다.

16 : wheel 객체의 start 함수를 호출하여 PWM 파형을 내보내기 시작합니다. start 함수의 인자는 0.0~100.0 사이의 실수 값으로 사각파형의 HIGH 구간의 비율을 나타냅니다. 여기서는 PWM 파형의 HIGH 구간을 0.0%로 설정하고 있습니다.

17 : append 함수를 호출하여 wheels 리스트에 wheel을 추가합니다.

20~28 : 속도를 올려가며 전진을 수행합니다.

20 : GPIO.output 함수를 호출하여 dcMotors[0] 핀을 True로 설정합니다.

23 : spd 변수 100부터 0까지의 정수에 대해 24~26줄을 수행합니다.

24 : spd 값을 출력합니다.

25 : ChangeDutyCycle 함수를 호출하여 wheels[0]으로 spd 값을 씁니다. 여기서 spd는 사각파형의 HIGH 구간의 비율값이 됩니다.

26 : 0.1 초 기다립니다.

28 : 1초 기다립니다. 이 부분에서 전진 최고 속도를 1초간 유지합니다.

31 : GPIO.output 함수를 호출하여 dcMotors[0] 핀을 False로 설정합니다.

32 : ChangeDutyCycle 함수를 호출하여 wheels[0]으로 0 값을 씁니다. 이렇게 하면 모터가 멈춥니다.

34 : stop 함수를 호출하여 wheels[0] 모터의 PWM 파형 출력을 멈춥니다.

35 : GPIO.cleanup 함수를 호출하여 GPIO 핀의 상태를 초기화해 줍니다.

2 DC 모터를 구동시키기 위해서 배터리를 장착한 후, 다음 스위치를 [모터켜기] 위치로 이동시킵니다.

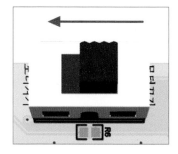

3 다음과 같이 예제를 실행합니다.

```
$ python 341.py
```

오른쪽 앞바퀴의 동작을 확인합니다. 오른쪽 앞바퀴가 전진을 수행하는 것을 확인합니다. 또 속도가 점점 증가하는 것을 확인합니다. 출력결과를 확인합니다.

spd 출력값이 감소함에 따라 모터의 속도가 증가하는 것을 확인합니다.

※ 20줄에서 dcMotors[0] 번 핀을 True로 설정하면 다음 그림에서 파란선은 3.3V(=HIGH)로 설정됩니다.

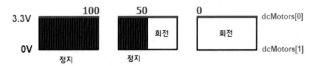

25줄에서 spd값은 100~0까지 바뀌게 되는데 위 그림은 차례대로 100, 50, 0인 경우를 나타냅니다. spd값이 100일 경우엔 dcMotors[1] 번 핀의 전압이 전구간에 대해 HIGH가 되어 모터는 정지해 있게 됩니다. 즉, dcMotors[1] 번 핀의 전압과 dcMotors[0] 번 핀의 전압이 전 구간에 대해 HIGH이므로 모터는 정지해 있게 됩니다. spd값이 50일 경우엔 dcMotors[1] 번 핀의 전압이 50%는 HIGH, 50%는 LOW가 되며 LOW 구간에서 모터가 전진 회전을 하게 됩니다. spd값이 0일 경우엔 dcMotors[1] 번 핀의 전압이 전구간에 대해 LOW가 되어 모터는 전체 구간에 대해 회전하게 됩니다.

※ 31줄에서 dcMotors[0] 번 핀을 False로 설정하면 다음 그림에서 파란선은 0V(=LOW)로 설정됩니다.

32줄에서 속도값을 0으로 주면 dcMotors[1] 번 핀을 통해 나가는 HIGH 구간이 없으며, 결과적으로 계속해서 LOW 신호가 나가게 되어 모터는 정지하게 됩니다. 이 경우 모터의 양단에는 모두 0V가 걸리게 됩니다.

※ 전진과 후진이 반대로 수행될 경우 핀 번호를 다음과 같이 바꿔주도록 합니다. 또는 모터 연결 단자를 반대로 연결합니다.

```
06 dcMotors = [13,22]
```

04_2 오른쪽 앞바퀴 후진 코딩하기

여기서는 오른쪽 앞바퀴의 모터를 후진시키며 속도를 증가시켜 보도록 합니다.

1 다음과 같이 예제를 수정합니다.

342.py
```
01 import RPi.GPIO as GPIO
02 import time
03
04 GPIO.setmode(GPIO.BCM)
05
06 dcMotors = [22,13]
07 wheels = []
```

```
08 MOT_FREQ = 1000.0
09
10 # init motor
11 GPIO.setup(dcMotors[0], GPIO.OUT)
12 GPIO.output(dcMotors[0], False)
13
14 GPIO.setup(dcMotors[1], GPIO.OUT)
15 wheel = GPIO.PWM(dcMotors[1], MOT_FREQ)
16 wheel.start(0.0)
17 wheels.append(wheel)
18
19 # go forward
20 GPIO.output(dcMotors[0], True)
21
22 # speed up
23 for spd in range(100,-1,-1):
24     print(spd)
25     wheels[0].ChangeDutyCycle(spd)
26     time.sleep(0.1)
27
28 time.sleep(1)
29
30 # stop motor
31 GPIO.output(dcMotors[0], False)
32 wheels[0].ChangeDutyCycle(0)
33
34 time.sleep(1)
35
36 # go backward
37 GPIO.output(dcMotors[0], False)
38
39 # speed up
40 for spd in range(0,101):
41     print(spd)
42     wheels[0].ChangeDutyCycle(spd)
43     time.sleep(0.1)
44
45 time.sleep(1)
46
47 # stop motor
48 GPIO.output(dcMotors[0], False)
49 wheels[0].ChangeDutyCycle(0)
50
51 wheels[0].stop()
52 GPIO.cleanup()
```

34 : 1초간 기다립니다. 이 부분에서 정지 상태를 1초간 유지합니다.

37~45 : 속도를 올려가며 후진을 수행합니다.

37 : GPIO.output 함수를 호출하여 dcMotors[0] 핀을 Flase로 설정합니다.

40 : spd 변수 00부터 100까지의 정수에 대해 41~43줄을 수행합니다.

41 : spd 값을 출력합니다.

42 : ChangeDutyCycle 함수를 호출하여 wheels[0]으로 spd 값을 씁니다. 여기서 spd는 사각파형의 HIGH 구간의 비율값이 됩니다.

43 : 0.1 초 기다립니다.

44 : 1초 기다립니다. 이 부분에서 후진 최고 속도를 1초간 유지합니다.

48 : GPIO.output 함수를 호출하여 dcMotors[0] 핀을 False로 설정합니다.

49 : ChangeDutyCycle 함수를 호출하여 wheels[0]으로 0 값을 씁니다. 이렇게 하면 모터가 멈춥니다.

2 DC 모터를 구동시키기 위해서 배터리를 장착한 후, 다음 스위치를 [모터켜기] 위치로 이동시킵니다.

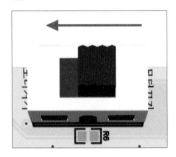

3 다음과 같이 예제를 실행합니다.

```
$ python 342.py
```

오른쪽 앞바퀴의 동작을 확인합니다. 오른쪽 앞바퀴가 전진과 후진을 수행하는 것을 확인합니다. 또 전진과 후진시 속도가 점점 증가하는 것을 확인합니다. 출력결과를 확인합니다.

후진시 spd 출력값이 증가함에 따라 모터의 속도가 증가하는 것을 확인합니다.

※ 37줄에서 dcMotors[0] 번 핀을 LOW로 설정하면 다음 그림에서 파란선은 0V(=LOW)로 설정됩니다.

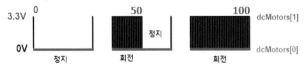

42줄에서 spd값은 0~100까지 바뀌게 되는데 위 그림은 차례대로 0, 50, 100인 경우를 나타냅니다. spd값이 0일 경우엔 dcMotors[1] 번 핀의 전압 전체가 LOW가 되어 모터는 정지해 있게 됩니다. spd값이 50일 경우엔 dcMotors[1] 번 핀의 전압이 50%는 HIGH, 50%는 LOW가 되며 HIGH 구간에서 모터가 후진 회전을 하게 됩니다. spd값이 100일 경우엔 dcMotors[1] 번 핀의 전압 전체가 HIGH가 되어 모터는 전체 구간에 대해 회전하게 됩니다.

04_3 전진 후진 속도 기준 통일하기

여기서는 오른쪽 앞바퀴의 전진과 후진 속도에 대한 for 문의 방향을 통일시켜 보도록 합니다.

1 다음과 같이 예제를 수정합니다.

343.py

```
01 import RPi.GPIO as GPIO
02 import time
03
04 GPIO.setmode(GPIO.BCM)
05
06 dcMotors = [22,13]
07 wheels = []
08 MOT_FREQ = 1000.0
09
10 # init motor
11 GPIO.setup(dcMotors[0], GPIO.OUT)
12 GPIO.output(dcMotors[0], False)
13
14 GPIO.setup(dcMotors[1], GPIO.OUT)
15 wheel = GPIO.PWM(dcMotors[1], MOT_FREQ)
16 wheel.start(0.0)
17 wheels.append(wheel)
18
19 # go forward
20 GPIO.output(dcMotors[0], True)
21
22 # speed up
23 for spd in range(0,101):
24     print(spd)
25     wheels[0].ChangeDutyCycle(100-spd)
26     time.sleep(0.1)
27
28 time.sleep(1)
29
```

```
30 # stop motor
31 GPIO.output(dcMotors[0], False)
32 wheels[0].ChangeDutyCycle(0)
33
34 time.sleep(1)
35
36 # go backward
37 GPIO.output(dcMotors[0], False)
38
39 # speed up
40 for spd in range(0,101):
41     print(spd)
42     wheels[0].ChangeDutyCycle(spd)
43     time.sleep(0.1)
44
45 time.sleep(1)
46
47 # stop motor
48 GPIO.output(dcMotors[0], False)
49 wheels[0].ChangeDutyCycle(0)
50
51 wheels[0].stop()
52 GPIO.cleanup()
```

23 : 4줄과 같이 spd 변수에 대해 0부터 100까지로 바꿉니다.
25 : 속도값 부분은 100-spd로 바꿉니다.

② DC 모터를 구동시키기 위해서 배터리를 장착한 후, 다음 스위치를 [모터켜기] 위치로 이동시킵니다.

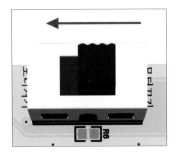

③ 다음과 같이 예제를 실행합니다.

```
$ python 343.py
```

오른쪽 앞바퀴의 동작을 확인합니다. 오른쪽 앞바퀴가 전진과 후진을 수행하는 것을 확인합니다. 전진과 후진 모두 for 문의 값이 증가함에 따라 속도가 증가하는 것을 확인합니다.

04_4 전진 후진 속도 보정하기

여기서는 오른쪽 앞바퀴의 전진과 후진 속도에 대한 보정을 합니다. 전진과 후진을 시작하는 dutycycle의 최소값을 찾아 적용합니다.

1 다음과 같이 예제를 수정합니다.

344.py

```python
01 import RPi.GPIO as GPIO
02 import time
03
04 GPIO.setmode(GPIO.BCM)
05
06 dcMotors = [22,13]
07 wheels = []
08 MOT_FREQ = 1000.0
09
10 SPEED_MIN = 10
11 SPEED_MAX = 100
12
13 # init motor
14 GPIO.setup(dcMotors[0], GPIO.OUT)
15 GPIO.output(dcMotors[0], False)
16
17 GPIO.setup(dcMotors[1], GPIO.OUT)
18 wheel = GPIO.PWM(dcMotors[1], MOT_FREQ)
19 wheel.start(0.0)
20 wheels.append(wheel)
21
22 # go forward
23 GPIO.output(dcMotors[0], True)
24
25 # speed up
26 for spd in range(SPEED_MIN,SPEED_MAX+1):
27     print(spd-SPEED_MIN)
28     wheels[0].ChangeDutyCycle(SPEED_MAX-spd)
29     time.sleep(0.1)
30
31 time.sleep(1)
32
33 # stop motor
34 GPIO.output(dcMotors[0], False)
35 wheels[0].ChangeDutyCycle(0)
36
37 time.sleep(1)
38
```

```
39 # go backward
40 GPIO.output(dcMotors[0], False)
41
42 # speed up
43 for spd in range(SPEED_MIN,SPEED_MAX+1):
44     print(spd-SPEED_MIN)
45     wheels[0].ChangeDutyCycle(spd)
46     time.sleep(0.1)
47
48 time.sleep(1)
49
50 # stop motor
51 GPIO.output(dcMotors[0], False)
52 wheels[0].ChangeDutyCycle(0)
53
54 wheels[0].stop()
55 GPIO.cleanup()
```

10 : SPEED_MIN 정수 상수를 선언한 후, 10으로 초기화합니다.

11 : SPEED_MAX 정수 상수를 선언한 후, 100으로 초기화합니다.

26 : for 문을 변경합니다.

27 : 속도 출력 부분을 변경합니다.

28 : 속도 설정 부분을 변경합니다.

43 : for 문을 변경합니다.

44 : 속도 출력 부분을 변경합니다.

※ 필자의 경우 전진시 듀티사이클 값이 10%정도에서 움직이기 시작했습니다. 여기서는 임의로 10으로 설정하였으며, 실제 자율주행을 수행할 때 큰 문제는 없었습니다.

2 DC 모터를 구동시키기 위해서 배터리를 장착한 후, 다음 스위치를 [모터켜기] 위치로 이동시킵니다.

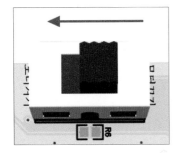

3 다음과 같이 예제를 실행합니다.

```
$ python 344.py
```

오른쪽 앞바퀴의 동작을 확인합니다. 오른쪽 앞바퀴가 전진과 후진을 수행하는 것을 확인합니다. 또 속도가 점점 증가하고 감소하는 것을 확인합니다. 전진과 후진의 속도값이 0~90으로 출력되는 것을 확인합니다.

04_5 전체 바퀴 전진 후진 코딩하기

여기서는 for 문을 일반화하여 4개의 바퀴에 대해 전진과 후진을 수행해 봅니다.

for 문 일반화하기

먼저 오른쪽 앞바퀴에 대해 for 문을 일반화합니다.

1 다음과 같이 예제를 수정합니다.

345.py

```
01 import RPi.GPIO as GPIO
02 import time
03
04 GPIO.setmode(GPIO.BCM)
05
06 dcMotors = [22,13]
07 wheels = []
08 MOT_FREQ = 1000.0
09
10 SPEED_MIN = 10
11 SPEED_MAX = 100
12
13 forward = [True,False]
14 backward = [False,True]
15 STOP = [False,False]
16
17 # init motor
18 for i in range(0,len(dcMotors),2):
19     GPIO.setup(dcMotors[i], GPIO.OUT)
20     GPIO.output(dcMotors[i], False)
21
22     GPIO.setup(dcMotors[i+1], GPIO.OUT)
23     wheel = GPIO.PWM(dcMotors[i+1], MOT_FREQ)
24     wheel.start(0.0)
25     wheels.append(wheel)
26
27 # go forward
28 for i in range(0,len(dcMotors),2):
29     GPIO.output(dcMotors[i], forward[i%2])
30
31 # speed up
32 for spd in range(SPEED_MIN,SPEED_MAX+1):
33     for i in range(0,len(dcMotors),2):
34         wheels[i//2].ChangeDutyCycle(SPEED_MAX-spd)
35     time.sleep(0.1)
36
```

```
37 time.sleep(1)
38
39 # stop motor
40 for i in range(0,len(dcMotors),2):
41     GPIO.output(dcMotors[i], STOP[i%2])
42     wheels[i//2].ChangeDutyCycle(0.0)
43
44 time.sleep(1)
45
46 # go backrward
47 for i in range(0,len(dcMotors),2):
48     GPIO.output(dcMotors[i], backward[i%2])
49
50 # speed up
51 for spd in range(SPEED_MIN,SPEED_MAX+1):
52     for i in range(0,len(dcMotors),2):
53         wheels[i//2].ChangeDutyCycle(spd)
54     time.sleep(0.1)
55
56 time.sleep(1)
57
58 # stop motor
59 for i in range(0,len(dcMotors),2):
60     GPIO.output(dcMotors[i], STOP[i%2])
61     wheels[i//2].ChangeDutyCycle(0.0)
62
63 # exit
64 for i in range(0,len(dcMotors),2):
65     wheels[i//2].stop()
66
67 GPIO.cleanup()
```

13　: forward 변수를 선언한 후, True, False 값 리스트로 초기화합니다.

14　: backward 변수를 선언한 후, False, True 값 리스트로 초기화합니다.

15　: stop 변수를 선언한 후, False, False 값 리스트로 초기화합니다.

17~25 : for 문을 이용하여 모터 초기화 부분을 일반화합니다.

28~29 : for 문을 이용하여 전진 설정 부분을 일반화합니다.

32~35 : for 문을 이용하여 전진 속도를 올리는 부분을 일반화합니다.

40~42 : for 문을 이용하여 모터 정지 부분을 일반화합니다.

47~48 : for 문을 이용하여 후진 설정 부분을 일반화합니다.

51~54 : for 문을 이용하여 후진 속도를 올리는 부분을 일반화합니다.

59~61 : for 문을 이용하여 모터 정지 부분을 일반화합니다.

2 DC 모터를 구동시키기 위해서 배터리를 장착한 후, 다음 스위치를 [모터켜기] 위치로 이동시킵니다.

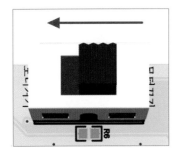

3 다음과 같이 예제를 실행합니다.

```
$ python 345.py
```

오른쪽 앞바퀴의 동작을 확인합니다. 오른쪽 앞바퀴가 전진과 후진을 수행하는 것을 확인합니다.

오른쪽 뒤 바퀴 추가하기

다음은 오른쪽 뒤 바퀴에 대한 전후진 테스트를 추가하도록 합니다.

1 다음과 같이 예제를 수정합니다.

345_2.py

```
06 dcMotors = [22,13,23,19]
```

06 : dcMotors 리스트에 23, 19를 추가합니다. 23, 19번 핀은 오른쪽 뒤 바퀴를 제어하는 핀입니다.

2 다음과 같이 예제를 실행합니다.

```
$ python 345_2.py
```

오른쪽 뒤 바퀴의 동작을 확인합니다. 오른쪽 뒤 바퀴가 전진과 후진을 수행하는 것을 확인합니다.

왼쪽 뒤 바퀴 추가하기

다음은 왼쪽 뒤 바퀴에 대한 전후진 테스트를 추가하도록 합니다.

1 다음과 같이 예제를 수정합니다.

345_3.py

```
06 dcMotors = [22,13,23,19,21,18]
```

06 : dcMotors 리스트에 21, 18을 추가합니다. 21, 18번 핀은 왼쪽 뒤 바퀴를 제어하는 핀입니다.

② 다음과 같이 예제를 실행합니다.

```
$ python 345_3.py
```

왼쪽 뒤 바퀴의 동작을 확인합니다. 왼쪽 뒤 바퀴가 전진과 후진을 수행하는 것을 확인합니다.

왼쪽 앞바퀴 추가하기

다음은 왼쪽 앞바퀴에 대한 전후진 테스트를 추가하도록 합니다.

① 다음과 같이 예제를 수정합니다.

345_4.py

```
06 dcMotors = [22,13,23,19,21,18,20,12]
```

06 : dcMotors 리스트에 20, 12를 추가합니다. 20, 12번 핀은 왼쪽 앞바퀴를 제어하는 핀입니다.

② 다음과 같이 예제를 실행합니다.

```
$ python 345_4.py
```

왼쪽 앞바퀴의 동작을 확인합니다. 왼쪽 앞바퀴가 전진과 후진을 수행하는 것을 확인합니다.

04_6 모터 드라이버 살펴보기

여기서는 자동차의 전진, 정지, 후진, 좌회전, 우회전의 동작을 함수화한 모터 드라이버 파일을 살펴봅니다. 이 파일은 이후의 예제에서 사용됩니다.

① 다음은 모터 드라이버 파일입니다.

---

motor_control.py

```
01 import RPi.GPIO as GPIO
02
03 dcMotors = [22,13,23,19,21,18,20,12]
04 wheels = []
05 MOT_FREQ = 1000.0
06
07 SPEED_MIN = 10
08 SPEED_MAX = 100
09
10 forward = [True,False]
```

```
11 backward = [False,True]
12 STOP = [False,False]
13
14 SPEED_MAX_FB = SPEED_MAX - SPEED_MIN
15
16 def initMotor() :
17         for i in range(0,len(dcMotors),2):
18                 GPIO.setup(dcMotors[i], GPIO.OUT)
19                 GPIO.output(dcMotors[i], False)
20
21                 GPIO.setup(dcMotors[i+1], GPIO.OUT)
22                 wheel = GPIO.PWM(dcMotors[i+1], MOT_FREQ)
23                 wheel.start(0.0)
24                 wheels.append(wheel)
25
26 def goForward(spd) :
27         if spd<0 : spd = 0
28         spd += SPEED_MIN
29         if spd>SPEED_MAX : spd = SPEED_MAX
30
31         for i in range(0,len(dcMotors),2):
32                 GPIO.output(dcMotors[i], forward[i%2])
33                 wheels[i//2].ChangeDutyCycle(SPEED_MAX-spd)
34
35 def stopMotor() :
36         for i in range(0,len(dcMotors),2):
37                 GPIO.output(dcMotors[i], STOP[i%2])
38                 wheels[i//2].ChangeDutyCycle(0.0)
39
40 def goBackward(spd) :
41         if spd<0 : spd = 0
42         spd += SPEED_MIN
43         if spd>SPEED_MAX : spd = SPEED_MAX
44
45         for i in range(0,len(dcMotors),2):
46                 GPIO.output(dcMotors[i], backward[i%2])
47                 wheels[i//2].ChangeDutyCycle(spd)
48
49 def turnLeft(spd) :
50         if spd<0 : spd = 0
51         spd += SPEED_MIN
52         if spd>SPEED_MAX : spd = SPEED_MAX
53
54         for i in range(0,len(dcMotors)//2,2):
55                 GPIO.output(dcMotors[i], forward[i%2])
56                 wheels[i//2].ChangeDutyCycle(SPEED_MAX-spd)
57
58         for i in range(len(dcMotors)//2,len(dcMotors),2):
59                 GPIO.output(dcMotors[i], backward[i%2])
```

```
60                wheels[i//2].ChangeDutyCycle(spd)
61
62 def turnRight(spd) :
63        if spd<0 : spd = 0
64        spd += SPEED_MIN
65        if spd>SPEED_MAX : spd = SPEED_MAX
66
67        for i in range(0,len(dcMotors)//2,2):
68                GPIO.output(dcMotors[i], backward[i%2])
69                wheels[i//2].ChangeDutyCycle(spd)
70
71        for i in range(len(dcMotors)//2,len(dcMotors),2):
72                GPIO.output(dcMotors[i], forward[i%2])
73                wheels[i//2].ChangeDutyCycle(SPEED_MAX-spd)
74
75 def exitMotor() :
76        for i in range(0,len(dcMotors),2):
77                wheels[i//2].stop()
```

14 : SPEED_MAX_FB 변수를 선언한 후, 0 기준 전후진 최대 속도값으로 설정합니다.

16~24 : initMotor 함수를 정의합니다.

26~33 : 전진 함수인 goForward 함수를 정의합니다.

27 : spd 값이 0이하일 경우 0으로 설정합니다.

28 : spd에 SPEED_MIN 값을 더해줍니다. SPEED_MIN은 전후진 최저 속도입니다.

29 : spd값이 SPEED_MAX 보다 클 경우 spd 값을 SPEED_MAX로 설정합니다.

35~38 : 정지 함수인 stopMotor 함수를 정의합니다.

40~47 : 후진 함수인 goBackward 함수를 정의합니다.

49~60 : 좌회전 함수인 turnLeft 함수를 정의합니다.

62~73 : 우회전 함수인 turnRight 함수를 정의합니다.

75~77 : exitMotor 함수를 정의합니다.

전진 후진 테스트하기

1 제공되는 소스에서 파일을 엽니다.

346_1.py

```
01 from motor_control import *
02 import time
03
04 GPIO.setmode(GPIO.BCM)
05 initMotor()
06
07 for spd in range(SPEED_MAX_FB):
08        goForward(spd)
09        time.sleep(0.1)
10
11 time.sleep(1)
```

```
12
13 stopMotor()
14
15 time.sleep(1)
16
17 for spd in range(SPEED_MAX_FB):
18     goBackward(spd)
19     time.sleep(0.1)
20
21 time.sleep(1)
22
23 stopMotor()
24
25 exitMotor()
26 GPIO.cleanup()
```

01 : motor_control 모듈로부터 변수와 함수를 불러옵니다.
05 : initMotor 함수를 호출하여 모터를 초기화합니다.
08 : goForward 함수를 호출하여 전진합니다.
13 : stopMotor 함수를 호출하여 정지합니다.
18 : goBackward 함수를 호출하여 후진합니다.
23 : stopMotor 함수를 호출하여 정지합니다.

2 DC 모터를 구동시키기 위해서 배터리를 장착한 후, 다음 스위치를 [모터켜기] 위치로 이동시킵니다.

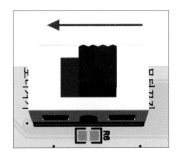

3 다음과 같이 예제를 실행합니다.

```
$ python 346_1.py
```

자동차가 전진과 후진을 수행하는 것을 확인합니다.

좌회전 우회전 테스트하기

1 제공되는 소스에서 파일을 엽니다.

346_2.py

```
01 from motor_control import *
02 import time
03
04 GPIO.setmode(GPIO.BCM)
05 initMotor()
06
07 for spd in range(SPEED_MAX_FB):
08     turnLeft(spd)
09     time.sleep(0.1)
10
11 time.sleep(1)
12
13 stopMotor()
14
15 time.sleep(1)
16
17 for spd in range(SPEED_MAX_FB):
18     turnRight(spd)
19     time.sleep(0.1)
20
21 time.sleep(1)
22
23 stopMotor()
24
25 exitMotor()
26 GPIO.cleanup()
```

08 : turnLeft 함수를 호출하여 좌회진합니다.
18 : turnRight 함수를 호출하여 우회전합니다.

2 DC 모터를 구동시키기 위해서 배터리를 장착한 후, 다음 스위치를 [모터켜기] 위치로 이동시킵니다.

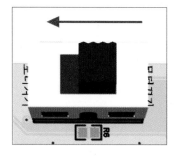

3 다음과 같이 예제를 실행합니다.

```
$ python 346_2.py
```

자동차가 좌회전과 우회전을 수행하는 것을 확인합니다. 후진이 전진보다 늦게 시작하는 것을 확인
합니다.

05_ 적외선 송수신 센서로 검정 선 감지하기

다음은 이 책에서 사용하는 적외선 송수신 센서입니다. 뒤에서 우리는 적외선 송수신 센서값을 카메라 영상에 대한 라벨 데이터로 사용합니다.

다음 부분은 TCRT5000 적외선 센서로 검은색의 포토 트랜지스터와 파란색의 적외선 LED가 한 쌍으로 붙어있습니다.

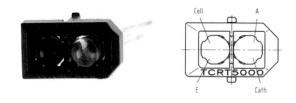

파란색 LED를 통해 적외선을 내보낸 후, 반사된 적외선의 양을 검은색 포토 트랜지스터(적외선 용 빛센서)를 통해 측정하게 됩니다. 반사된 적외선의 양에 따라 일반적으로 흰색인지 검은색인지 구분하게됩니다. 반사면은 색이 밝을수록 빛을 많이 반사하며, 어두울수록 빛을 많이 흡수하게 됩니다.

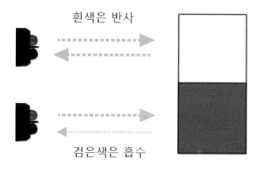

다음 그림에서 반사된 적외선은 검은색 포토 트랜지스터로 전달됩니다.

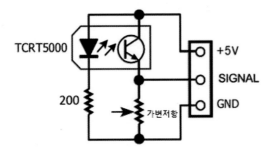

포토 트랜지스터는 반사된 적외선의 양에 따라 내부 저항이 변하게 됩니다. 센서의 다음 부분은 가변저항 부분으로 포토 트랜지스터의 감도를 조절하는 부분입니다. 일반적으로 건드리지 않고 사용합니다.

반사면의 동작 범위는 0.2~15mm이며 적정 거리는 2.5mm입니다.

자동차 조립시 다음과 같이 라즈베리파이 쉴드에 라인트레이서 센서를 연결하였습니다.

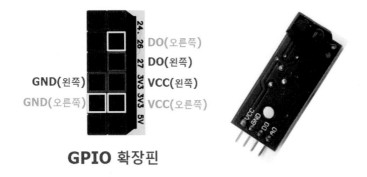

우측 적외선 송수신 센서는 26번 핀으로 제어합니다. 좌측 적외선 송수신 센서는 27번핀으로 제어합니다.

05_1 적외선 송수신 센서 테스트 코딩하기

이제 적외선 송수신 센서에 대한 검정색 감지를 수행해 봅니다.

1 다음과 같이 예제를 작성합니다.

351.py

```
01 import RPi.GPIO as GPIO
02
03 GPIO.setmode(GPIO.BCM)
04
05 DOs = [26,27]
06
07 for DO in DOs:
08     GPIO.setup(DO, GPIO.IN)
09
10 while True:
11     right = GPIO.input(DOs[0])
12     left = GPIO.input(DOs[1])
13
14     print("left: ", left, " right: ", right)
15
16 GPIO.cleanup()=
```

05 : DOs 변수를 선언한 후, 26, 27번 핀 값을 갖는 리스트로 초기화합니다. 26, 27번 핀은 각각 적외선 센서 핀에 연결되어 있습니다.

07~08 : GPIO.setup 함수를 호출하여 DOs 리스트의 핀들을 입력으로 설정합니다.

11~12 : GPIO.input 함수를 호출하여 오른쪽과 왼쪽 적외선 센서 값을 읽습니다.

14 : 센서 값을 출력합니다.

2 다음과 같이 예제를 실행합니다.

```
$ python 351.py
```

결과 값을 확인합니다. 적외선 송수신 센서를 다음 그림의 검정색과 흰색에 가까이 대보며 값이 변하는 것을 확인합니다.

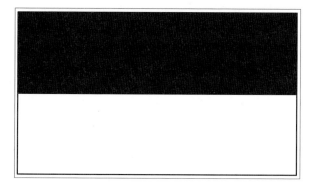

흰색이 0, 검정색이 1이 나옵니다. 다음은 흰색면에 대한 센서 데이터입니다.

```
left: 1  right: 1
left: 1  right: 1
left: 1  right: 1
left: 1  right: 1
left: 1  right: 1
```

05_2 자동차 주행 원격 제어하기

다음은 라인트레이서 센서 데이터를 이용하여 자동차를 주행시켜 봅니다.

1 다음과 같이 예제를 작성합니다.

352.py

```python
01 import RPi.GPIO as GPIO
02 from motor_control import *
03 import time
04
05 GPIO.setmode(GPIO.BCM)
06 initMotor()
07
08 DOs = [26,27]
09
10 for DO in DOs:
11     GPIO.setup(DO, GPIO.IN)
12
13 speedFwd = 40;
14 speedCurve = 50;
15
16 try:
17
18     while True:
19         right = GPIO.input(DOs[0])
20         left = GPIO.input(DOs[1])
21
22         if not right and not left :
23             goForward(speedFwd)
24         elif not right and left :
25             turnRight(speedCurve)
26         elif right and not left :
27             turnLeft(speedCurve)
28
29 except KeyboardInterrupt:
30     pass
31
32 exitMotor()
33 GPIO.cleanup()
```

06 : initMotor 함수를 호출하여 모터를 초기화합니다. initMotor 함수는 motor_control.py 파일에 정의되어 있습니다.

13 : speedFwd 정수를 선언한 후, 20으로 초기화합니다. 여기서 20은 자동차의 전진 속도를 의미합니다. 전진 속도 값은 0~90 사이의 값을 가질 수 있습니다.

14 : speedCurve 정수를 선언한 후, 60으로 초기화합니다. 60은 좌우회전 속도를 의미합니다. 회전 속도값은 0~90 사이의 값을 가질 수 있습니다.

19~20 : GPIO.input 함수를 호출하여 오른쪽과 왼쪽 적외선 센서 값을 읽습니다.

22~23 : right와 left값이 동시에 0이면 goForward 함수를 호출하여 speedFwd의 속도로 전진합니다.

25~25 : right값이 0이고 left값이 1이면 turnRight 함수를 호출하여 speedCurve의 속도로 우회전합니다.

26~27 : right값이 1이고 left값이 0이면 turnLeft 함수를 호출하여 speedCurve의 속도로 좌회전합니다.

2 다음과 같이 RC카를 도로위에 놓습니다.

❶ 라즈베리파이에 전원이 연결된 것을 확인하고, ❷ 라즈베리파이 RC카 쉴드에 전원이 연결된 것을 확인하고, ❸ 모터 전원 스위치를 겹니다.

3 다음과 같이 모바일 핫스팟에 라즈베리파이가 접속된 것을 확인합니다.

연결된 장치:	1/8	
장치 이름	IP 주소	물리적 주소(MAC)
raspberrypi	192.168.137.246	dc:a6:32:3b:d3:70

4 다음과 같이 예제를 실행합니다.

```
$ python 352.py
```

라인트레이서 센서 값에 따라 주행하는 것을 확인합니다.

06_ threading.Thread 클래스

라즈베리파이는 리눅스 운영체제를 기반으로 동작합니다. 리눅스 운영체제는 쓰레드 프로그램을 지원합니다. 쓰레드 프로그램은 하나의 프로그램에서 여러 가지 입력을 받아 처리해야하는 경우에 필요합니다. 예를 들어, 하나의 프로그램에서 키보드 입력, 소켓 입력, 시간 지연을 위한 시간 입력을 동시에 처리해야 할 경우에 필요합니다. 여기서는 쓰레드 생성을 위한 threading.Thread 클래스를 소개합니다.

우리가 작성하는 프로그램은 하나의 프로세스 상에서 수행됩니다. 프로세스란 CPU가 수행하는 작업의 단위로 하나의 프로그램을 수행하기 위한 환경을 나타냅니다. 하나의 프로세스는 기본적으로 하나의 쓰레드를 갖습니다. 이 쓰레드를 주 쓰레드라고 합니다. 우리가 작성하는 프로그램은 주 쓰레드 상에서 수행됩니다. 주 쓰레드는 키보드 입력을 기다리다가 키보드 입력이 있으면 키보드 입력을 처리하고 다시 키보드 입력을 기다리는 형태로 동작합니다. 주 쓰레드가 키보드 입력을 기다리는 동안에는 CPU에 의해 수행되지 않는 상태가 됩니다.

쓰레드는 하나의 입력을 처리하는 프로그램의 흐름을 나타냅니다. 주 쓰레드의 입력은 키보드 입력이 됩니다. 우리가 작성하는 대부분의 프로그램은 키보드 입력을 기다리다 처리하는 구조로 되어 있습니다. 그러다보니 하나의 쓰레드로 처리가 가능했습니다.

둘 이상의 쓰레드가 필요한 환경은 통신 프로그램입니다. 예를 들어, 온라인 게임과 같은 프로그램입니다. 통신 프로그램의 경우엔 지역 사용자의 키보드 입력도 처리해야 하지만 소켓을 통해 입력되는 원격 사용자의 키보드 입력도 처리해야 합니다. 그래서 원격 사용자의 입력을 처리하기 위한 쓰레드가 하나 더 필요합니다. 이 때 추가되는 쓰레드를 부 쓰레드라고 합니다.

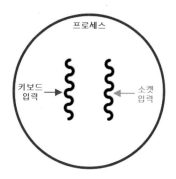

프로세스

키보드
입력

소켓
입력

새로 추가된 부 쓰레드는 소켓 입력을 기다리다가 소켓 입력이 있으면 소켓 입력을 처리하고 다시 소켓 입력을 기다리는 형태로 동작합니다. 부 쓰레드가 소켓 입력을 기다리는 동안에는 CPU에 의해 수행되지 않는 상태가 됩니다.

06_1 쓰레드 생성하기

여기서는 threading.Thread 클래스를 이용하여 쓰레드를 하나 생성한 후, 파이썬 프로그램을 읽고 수행하는 파이썬 쉘과 동시에 작업을 수행해 보도록 합니다.

1 다음과 같이 예제를 작성합니다.

361.py

```
01 import threading
02 import time
03
04 flag_exit = False
05 def t1_main():
06     while True:
07             print(" \tt1 ")
08             time.sleep(0.5)
09             if flag_exit: break
10
11 t1 = threading.Thread(target=t1_main)
12 t1.start()
13
14 try:
15     while True:
16             print(" main ")
17             time.sleep(1.0);
18
19 except KeyboardInterrupt:
```

```
20        pass
21
22 flag_exit = True
23 t1.join()
```

01 : threading 모듈을 불러옵니다. threading 모듈은 11,12,23 줄에 있는 Thread 생성자 함수, start, join 함수를 가지고 있으며 쓰레드를 사용하기 위해 필요합니다.

04 : flag_exit 변수를 선언하여 False 값으로 초기화합니다. flag_exit 변수가 True값을 가질 경우 9줄에서 쓰레드가 종료되도록 합니다. flag_exit 변수를 True로 설정하는 부분은 22줄입니다.

05~09 : 쓰레드가 수행할 t1_main 함수를 정의합니다.

06 : 계속 반복해서 06~09줄을 수행합니다.

07 : 탭,t1 문자열을 출력하고,

08 : 0.5초간 기다립니다.

09 : flag_exit 값이 True이면 while 문을 빠져 나온 후, 종료합니다.

11 : threading.Thread 객체를 생성하여 t1_main 함수를 수행할 t1 쓰레드를 하나 생성합니다.

12 : t1 객체에 대해 start 함수를 호출하여 쓰레드를 수행 가능한 상태로 변경합니다. 이제 쓰레드는 임의의 순간에 수행될 수 있습니다.

15 : 계속 반복해서 15~17줄을 수행합니다.

16 : main 문자열을 출력하고,

18 : 1.0초간 기다립니다.

22 : 키보드 인터럽트가 발생하면 flag_exit를 True로 설정하여 쓰레드가 종료되도록 합니다.

23 : t1.join 함수를 호출하여 쓰레드가 종료되기를 기다립니다. 쓰레드가 종료되면 주 루틴도 종료됩니다.

2 다음과 같이 예제를 실행합니다.

```
$ python 361.py
```

주 루틴과 t1 함수가 동시에 수행되는 것을 확인합니다. 주 루틴은 파이썬 쉘이 직접 수행하며 t1 함수는 threading.Thread 함수에 의해 생성된 쓰레드에서 수행됩니다.

프로그램을 강제 종료하기 위해서는 Ctrl 키를 누른 채로 C 키를 눌러줍니다.

06_2 쓰레드로 LED 점멸 반복해 보기

여기서는 쓰레드를 생성하여 LED의 점멸을 반복해보도록 합니다.

우리는 앞에서 다음과 같은 예제를 수행해 보았습니다.

322.py

```python
01 import RPi.GPIO as GPIO
02 import time
03
04 led_pin = 8
05
06 GPIO.setmode(GPIO.BCM)
07
08 GPIO.setup(led_pin, GPIO.OUT)
09
10 try:
11     while True:
12             GPIO.output(led_pin, True)
13             time.sleep(0.5)
14             GPIO.output(led_pin, False)
15             time.sleep(0.5)
16 except KeyboardInterrupt:
17     pass
18
19 GPIO.cleanup()
```

이 예제는 단일 작업에 대한 테스트를 수행하는 데는 문제가 없지만 여러 가지 작업을 동시에 수행하고자 할 경우엔 문제가 생깁니다. threading.Thread 클래스를 이용하면 간단하게 LED의 점멸을 반복할 수 있습니다.

1 다음과 같이 예제를 작성합니다.

362.py

```python
01 import threading
02 import time
03 import RPi.GPIO as GPIO
04
05 led_pin = 8
06
07 flag_exit = False
08 def blink_led():
09     while True:
10             GPIO.output(led_pin, True)
```

```
11                    time.sleep(0.5)
12                    GPIO.output(led_pin, False)
13                    time.sleep(0.5)
14
15                    if flag_exit: break
16
17 GPIO.setmode(GPIO.BCM)
18 GPIO.setup(led_pin, GPIO.OUT)
19
20 tBL = threading.Thread(target=blink_led)
21 tBL.start()
22
23 try:
24      while True:
25                print("main")
26                time.sleep(1.0);
27
28 except KeyboardInterrupt:
29      pass
30
31 flag_exit = True
32 tBL.join()
```

08~15 : 쓰레드가 수행할 blink_led 함수를 정의합니다.
09　　　: 계속 반복해서 9~15줄을 수행합니다.
10~13 : 앞의 예제와 똑같이 작성합니다.
20　　　: threading.Thread 객체를 생성하여 blink_led 함수를 수행할 tBL 쓰레드를 하나 생성합니다.
21　　　: tBL 객체에 대해 start 함수를 호출하여 쓰레드를 수행 가능한 상태로 변경합니다. 이제 쓰레드는 임의의 순간에
　　　　　수행될 수 있습니다.
24　　　: 계속 반복해서 24~26줄을 수행합니다.
25　　　: main 문자열을 출력하고,
26　　　: 1.0초간 기다립니다.

2 다음과 같이 예제를 실행합니다.

```
$ python 362.py
```

주 루틴에서는 1초에 한 번씩 main 문자열이 출력되고, blink_led 함수에서는 1초 주기로 LED 점멸
을 반복합니다. 주 루틴은 파이썬 쉘에 의해서 수행되며 blink_led 함수는 threading.Thread 클래
스에 의해서 생성된 tBL 쓰레드에 의해서 수행됩니다.
프로그램을 강제 종료하기 위해서는 Ctrl 키를 누른 채로 C 키를 눌러줍니다.

07_ 메시지 큐 통신

우리는 앞에서 쓰레드 프로그램을 작성해 보았습니다. 프로그램을 두 개 이상의 쓰레드로 구성할 경우, 쓰레드 간에 데이터를 주고받아야 하는 경우가 있을 수 있습니다. 이 때, 사용할 수 있는 방법이 바로 메시지 큐입니다. 여기서는 메시지 큐 생성을 위한 queue.Queue 클래스를 소개합니다.

07_1 주 루틴과 쓰레드 간 메시지 큐 통신하기

여기서는 queue.Queue 클래스를 이용하여 메시지 큐를 생성한 후, 메시지 큐를 이용하여 파이썬 쉘과 쓰레드 간에 메시지를 주고받아 봅니다.

1 다음과 같이 예제를 작성합니다.

371.py

```
01 import queue
02 import threading
03 import time
04
05 HOW_MANY_MESSAGES = 10
06 mq = queue.Queue(HOW_MANY_MESSAGES)
07
08 flag_exit = False
09 def t1():
10     value = 0
11
12     while True:
13         value = value +1
14         mq.put(value)
15         time.sleep(0.1)
16
17         if flag_exit: break
18
```

```
19 tMQ = threading.Thread(target=t1)
20 tMQ.start()
21
22 try:
23     while True:
24             value = mq.get()
25             print(" Read Data %d " %value)
26
27 except KeyboardInterrupt:
28     pass
29
30 flag_exit = True
31 tMQ.join()
```

01 : queue 모듈을 불러옵니다. queue 모듈은 06,14,24 줄에 있는 Queue 생성자 함수, put, get 함수를 가지고 있으며 메시지 큐를 사용하기 위해 필요합니다.

05 : HOW_MANY_MESSAGES 변수를 선언한 후, 10으로 설정합니다. HOW_MANY_MESSAGES는 메시지 큐에 저장할 수 있는 최대 메시지의 개수를 나타냅니다.

06 : queue.Queue 객체를 생성하여 메시지 큐를 생성합니다. 객체 생성 시 최대 메시지의 개수를 인자로 줍니다.

08 : flag_exit 변수를 선언하여 False 값으로 초기화합니다. flag_exit 변수가 True값을 가질 경우 17줄에서 쓰레드가 종료되도록 합니다. flag_exit 변수를 True로 설정하는 부분은 30줄입니다.

09~17 : 쓰레드가 수행할 t1 함수를 정의합니다.

10 : 보내고자 하는 메시지를 저장할 value 변수를 하나 선언합니다.

12 : 계속 반복해서 12~17줄을 수행합니다.

13 : value 변수의 값을 하나 증가시킵니다.

14 : mq.put 함수를 호출하여 메시지 큐에 value 값을 씁니다.

15 : 0.1 초 동안 기다립니다.

17 : flag_exit 값이 True이면 while 문을 빠져 나온 후, 종료합니다.

18 : threading.Thread 객체를 생성하여 t1 함수를 수행할 tMQ 쓰레드를 하나 생성합니다.

19 : tMQ 객체에 대해 start 함수를 호출하여 쓰레드를 수행 가능한 상태로 변경합니다. 이제 쓰레드는 임의의 순간에 수행될 수 있습니다.

23 : 계속 반복해서 23~25줄을 수행합니다.

24 : mq.get 함수를 호출하여 메시지 큐에 있는 메시지를 value 변수로 읽어냅니다. 읽을 메시지가 없을 경우 쓰레드는 메시지를 기다리게 됩니다. 24줄에 있는 value 변수는 주 루틴의 변수이며, 10줄에 있는 value 변수는 t1 함수의 변수로 서로 다른 변수입니다.

25 : value 값을 출력합니다.

30 : 키보드 인터럽트가 발생하면 flag_exit를 True로 설정하여 쓰레드가 종료되도록 합니다.

31 : tMQ.join 함수를 호출하여 쓰레드가 종료되기를 기다립니다. 쓰레드가 종료되면 주 루틴도 종료됩니다.

2 다음과 같이 예제를 실행합니다.

```
$ python 371.py
```

다음과 같이 메시지가 전달되어 출력되는 것을 확인합니다.

```
Read Data 20
Read Data 21
Read Data 22
Read Data 23
Read Data 24
Read Data 25
Read Data 26
Read Data 27
Read Data 28
Read Data 29
```

프로그램을 강제 종료하기 위해서는 Ctrl 키를 누른 채로 C 키를 눌러줍니다.

인공지능 자율주행 자동차
코딩하기 2

이번 장에서는 인공지능 자율주행 RC카를 구성하는 카메라 동영상 송수신, WiFi 통신, 인공지능 관련된 소스를 하나하나 살펴보면서 그 원리를 이해하고 응용할 수 있도록 합니다. 구체적으로 TCP/IP 네트워크 통신을 공부하고, 통신을 이용하여 카메라 영상과 센서 데이터를 주고받아봅니다. 통신을 통해 수집한 영상과 센서 데이터를 이용하여 CNN 인공 신경망 학습을 수행하고 학습된 CNN 인공 신경망을 이용하여 자율주행을 수행해 봅니다.

01_ 네트워크 통신 수행하기

여기서는 라즈베리파이 상에서 구동되는 카메라 서버와 PC 상에서 구동되는 카메라 클라이언트 간에 네트워크 통신을 수행해 봅니다.

01_1 카메라 서버 프로그램 작성하기

먼저 라즈베리파이 상에서 구동되는 카메라 서버 프로그램을 작성해 봅니다.

1 다음과 같이 예제를 작성합니다.

411_pi.py

```python
01 import socket
02
03 HOST = ' '
04 PORT = 8089
05
06 server = socket.socket(socket.AF_INET, socket.SOCK_STREAM)
07 print('Socket created')
08
09 server.bind((HOST, PORT))
10 print('Socket bind complete')
11
12 server.listen(10)
13 print('Socket now listening')
14
15 server_cam, addr = server.accept()
16 print('New Client.')
17
18 while True:
19         server_cam.recv(1)
20
21 server_cam.close()
22 server.close()
```

01 : socket 모듈을 불러옵니다. socket 모듈은 06줄에서 사용하며 네트워크 통신을 위해 필요합니다.

03 : HOST 변수를 선언한 후, 빈 문자열로 초기화합니다. 빈 문자열은 라즈베리파이가 할당받은 임의의 IP 주소를 의미하며 할당받은 주소를 통해 외부에서 이 프로그램에 접속할 수 있습니다. 예를 들어, 필자의 라즈베리파이의 경우는 다음과 같이 '192.168.137.246' 주소를 할당받았습니다.

연결된 장치:	1/8	
장치 이름	IP 주소	물리적 주소(MAC)
raspberrypi	192.168.137.246	dc:a6:32:3b:d3:70

이 주소를 통해 PC에서 이 프로그램에 접속할 수 있습니다.

04 : PORT 변수를 선언한 후, 8089로 초기화합니다. 8089는 필자가 임의로 정한 라즈베리파이 카메라 서버의 포트 번호입니다. 일반적으로 0~1023은 예약된 번호이며, 사용자가 사용할 수 있는 포트 번호는 1024~65535입니다.

06 : socket.socket 함수를 호출하여 TCP 통신을 수행할 수 있는 소켓을 생성한 후, server 변수에 할당합니다. server는 라즈베리파이 카메라 서버에 접속할 때 사용하는 소켓입니다. 소켓은 은행에서의 창구 역할과 같습니다. 여기서는 은행 창구를 하나 생성한 것과 같습니다.

07 : 소켓 생성 문자열을 출력합니다.

09 : bind 함수를 호출하여 server 소켓에 IP 주소와 포트 번호를 할당합니다. IP 주소와 포트 번호는 은행 지점 이름과 창구 번호의 역할과 같습니다.

10 : 소켓 주소 할당 완료 문자열을 출력합니다.

12 : listen 함수를 호출하여 server 소켓에 동시 접속 요청시 대기 큐의 개수를 설정합니다. 여기서는 동시 접속 요청시 대기 큐의 개수를 10개로 설정합니다. 대기 큐는 은행 창구 앞에 놓인 손님이 기다리는 의자와 같습니다.

13 : 접속 요청 대기 문자열을 출력합니다.

15 : accept 함수를 호출하여 외부에서의 server 소켓으로의 접속 요청을 기다립니다. 외부에서 접속 요청을 하게 되면 통신을 위한 소켓이 accept 함수 내부에서 만들어집니다. accept 함수는 내부적으로 만들어진 통신용 소켓과 접속한 클라이언트의 주소를 내어줍니다. 내부적으로 생성된 소켓과 접속할 클라이언트의 주소를 server_cam, addr 변수로 받습니다. accept 함수는 은행 창구에서 손님을 기다리는 동작과 같습니다.

16 : 클라이언트 접속 문자열을 출력합니다.

18 : 계속해서 19줄을 수행합니다.

19 : 클라이언트로부터 1바이트 데이터를 기다립니다.

21 : close 함수를 호출하여 server_cam 소켓을 닫습니다. 이렇게 하면 클라이언트와의 통신이 종료됩니다.

22 : close 함수를 호출하여 server 소켓을 닫습니다. 이렇게 하면 더 이상 외부에서 접속을 할 수 없습니다.

2 다음과 같이 예제를 실행합니다.

```
$ python 411_pi.py
```

다음은 실행 결과 화면입니다. 클라이언트 접속을 기다리고 있습니다.

```
Socket created
Socket bind complete
Socket now listening
```

01_2 카메라 서버에 접속해 보기

다음은 PC 상에서 구동되는 카메라 클라이언트 프로그램을 작성하여 라즈베리파이 카메라 서버에 접속해 봅니다.

1 다음과 같이 예제를 작성합니다.

412_pc.py

```
01 import socket
02 import time
03
04 HOST_RPI = ' 192.168.137.246 '
05 PORT = 8089
06
07 client_cam = socket.socket(socket.AF_INET, socket.SOCK_STREAM)
08
09 client_cam.connect((HOST_RPI, PORT))
10
11 while True:
12        time.sleep(1)
13
14 client_cam.close()
```

01 : socket 모듈을 불러옵니다. socket 모듈은 07줄에서 사용하며 네트워크 통신을 위해 필요합니다.

02 : time 모듈을 불러옵니다. time 모듈은 12줄에서 사용합니다.

04 : HOST_RPI 변수를 선언한 후, 라즈베리파이가 핫스팟으로부터 할당받은 IP 주소로 초기화합니다. 필자의 경우 라즈베리파이가 할당받은 주소는 '192.168.137.246'입니다. 다음 그림을 참조합니다.

연결된 장치:	1/8	
장치 이름	IP 주소	물리적 주소(MAC)
raspberrypi	192.168.137.246	dc:a6:32:3b:d3:70

05 : PORT 변수를 선언한 후, 8089로 초기화합니다. 8089는 라즈베리파이 카메라 서버의 포트 번호입니다.

07 : socket.socket 함수를 호출하여 TCP 통신을 수행할 수 있는 소켓을 생성한 후, client_cam 변수에 할당합니다. client_cam은 라즈베리파이 카메라 서버와의 통신을 수행하기 위해 사용합니다.

09 : connect 함수를 호출하여 client_cam과 연결합니다. 이 때, IP 주소와 포트 번호가 필요합니다.

11 : 계속해서 12줄을 수행합니다.

12 : time.sleep 함수를 호출하여 1초간 기다립니다. 뒤에서 이 부분에 라즈베리파이 카메라 서버와 통신을 수행하는 부분을 추가합니다.

14 : close 함수를 호출하여 client_cam과의 연결을 종료합니다.

2 PC 상에서 다음과 같이 예제를 실행합니다.

```
>python 412_pc.py
```

putty 창을 확인합니다. 다음과 같이 [New Client.]라고 접속된 것이 표시됩니다.

```
Socket created
Socket bind complete
Socket now listening
New Client.
```

Ctrl + C 키를 눌러 서버 프로그램과 클라이언트 프로그램을 종료합니다.

01_3 카메라 서버에 명령 보내기

다음은 PC에서 라즈베리파이 카메라 서버로 명령을 보내 봅니다.

라즈베리파이 카메라 서버에서 명령 기다리기

먼저 라즈베리파이 카메라 서버에 명령을 기다리고 출력하는 부분을 추가합니다.

1 다음과 같이 예제를 수정합니다.

413_pi.py

```
01 import socket
02 import struct
03
04 HOST = ' '
05 PORT = 8089
06
07 server = socket.socket(socket.AF_INET, socket.SOCK_STREAM)
08 print('Socket created')
09
10 server.bind((HOST, PORT))
11 print('Socket bind complete')
12
13 server.listen(10)
14 print('Socket now listening')
15
16 server_cam, addr = server.accept()
17 print('New Client.')
18
19 while True:
20
21     cmd_byte = server_cam.recv(1)
22     cmd = struct.unpack('!B', cmd_byte)
23     print(cmd[0])
24
25 server_cam.close()
26 server.close()
```

02 : struct 모듈을 불러옵니다. struct 모듈은 22 줄에서 사용하며 파이썬 값과 파이썬 bytes 객체(바이트열)로 표현되는 C 구조체 사이의 변환을 수행합니다. 즉, 파이썬 값을 C 구조체 형태인 바이트열로 변환하거나 C 구조체 형태인 바이트열을 파이썬 값으로 변환하는 역할을 합니다. 파이썬의 값을 파일에 저장하거나 소켓을 통해 내보낼 때는 C 구조체 형태인 바이트열로 변환해야 합니다. 또 파일을 읽거나 소켓을 통해 데이터를 받을 때도 C 구조체 형태인 바이트열을 파이썬 값으로 변환해야 합니다. 여기서는 소켓을 통해 데이터를 주고 받아야 하기 때문에 struct 모듈이 필요합니다.

21 : recv 함수를 호출하여 server_cam으로부터 1바이트 크기의 바이트열 객체를 cmd_byte 변수로 받습니다. cmd_byte 는 명령값이 저장된 바이트열 객체입니다.

22 : struct.unpack 함수를 호출하여 unsigned char 형의 cmd_byte 바이트열 객체를 파이썬 값으로 변환하여 cmd 변수에 할당합니다. '!B'는 네트워크 통신을 통해 전송되는 unsigned char를 의미합니다. !는 network byte order를 의미합니다.

23 : cmd[0]을 출력합니다.

2 다음과 같이 예제를 실행합니다.

```
$ python 413_pi.py
```

다음은 실행 결과 화면입니다. 클라이언트 접속을 기다리고 있습니다.

라즈베리파이 카메라 서버로 명령 보내기

다음은 PC에서 라즈베리파이 카메라 서버에 명령을 보내는 부분을 추가합니다.

1 다음과 같이 예제를 수정합니다.

413_pc.py

```
01 import socket
02 import time
03 import struct
04
05 HOST_RPI = '192.168.137.246'
06 PORT = 8089
07
08 client_cam = socket.socket(socket.AF_INET, socket.SOCK_STREAM)
09
10 client_cam.connect((HOST_RPI, PORT))
11
12 while True:
13
14     cmd = 12
15     cmd_byte = struct.pack('!B', cmd)
16     client_cam.sendall(cmd_byte)
17
18     time.sleep(1)
19
20 client_cam.close()
```

03 : struct 모듈을 불러옵니다. struct 모듈은 15 줄에서 사용하며 파이썬 값과 파이썬 bytes 객체(바이트열)로 표현되는 C 구조체 사이의 변환을 수행합니다. 즉, 파이썬 값을 C 구조체 형태인 바이트열로 변환하거나 C 구조체 형태인 바이트열을 파이썬 값으로 변환하는 역할을 합니다. 파이썬의 값을 파일에 저장하거나 소켓을 통해 내보낼

때는 C 구조체 형태인 바이트열로 변환해야 합니다. 또 파일을 읽거나 소켓을 통해 데이터를 받을 때도 C 구조체 형태인 바이트열을 파이썬 값으로 변환해야 합니다. 여기서는 소켓을 통해 데이터를 주고 받아야 하기 때문에 struct 모듈이 필요합니다.

14~16 : 데이터를 받기 위해 라즈베리파이 카메라 서버로 명령을 보냅니다.

14 : cmd 변수를 생성한 후, 12로 초기화합니다. 12는 라즈베리파이 카메라 서버와 약속된 값으로 필자가 임의로 정한 값입니다.

15 : cmd 값을 struct.pack 함수를 이용하여 C의 unsigned char 형 바이트열 객체로 변환합니다. '!B'는 네트워크 통신을 통해 전송되는 unsigned char를 의미합니다. !는 network byte order를 의미합니다.

16 : sendall 함수를 호출하여 client_cam으로 cmd_byte를 보냅니다.

2 PC 상에서 다음과 같이 예제를 실행합니다.

```
>python 413_pc.py
```

putty 창을 확인합니다. 다음과 같이 1초 간격으로 12값을 출력합니다.

Ctrl + C 키를 눌러 서버 프로그램과 클라이언트 프로그램을 종료합니다.

01_4 카메라 서버로부터 데이터 받기

다음은 라즈베리파이 카메라 서버로부터 데이터를 받아 봅니다.

PC 카메라 클라이언트로 데이터 보내기

먼저 라즈베리파이 카메라 서버에서 PC 카메라 클라이언트로 데이터를 보내는 부분을 추가합니다.

1 다음과 같이 예제를 수정합니다.

414_pi.py

```
01 import socket
02 import struct
03
04 HOST = ' '
05 PORT = 8089
06
07 server = socket.socket(socket.AF_INET, socket.SOCK_STREAM)
08 print('Socket created')
09
```

```
10 server.bind((HOST, PORT))
11 print( ' Socket bind complete ' )
12
13 server.listen(10)
14 print( ' Socket now listening ' )
15
16 server_cam, addr = server.accept()
17 print( ' New Client. ' )
18
19 while True:
20
21        cmd_byte = server_cam.recv(1)
22        cmd = struct.unpack( ' !B ' , cmd_byte)
23        # print(cmd[0])
24        if cmd[0]==12 :
25                data = 34
26                data_byte = struct.pack( ' !B ' , data)
27                server_cam.sendall(data_byte)
28
29 server_cam.close()
30 server.close()
```

24 : cmd[0] 값이 12이면 25~27줄을 수행합니다. 12는 PC에서 수행되는 파이썬 프로그램에서 보내는 값입니다. 12는 카메라 서버와 데이터를 주고 받기 위해 필자가 정한 임의의 값입니다.

25 : data 변수를 선언한 후, 34로 초기화합니다.

26 : data 값을 struct.pack 함수를 이용하여 C의 unsigned char 형 바이트열 객체로 변환합니다. '!B'는 네트워크 통신을 통해 전송되는 unsigned char를 의미합니다. !는 network byte order를 의미합니다.

27 : sendall 함수를 호출하여 server_cam으로 data_byte를 보냅니다.

2 다음과 같이 예제를 실행합니다.

```
$ python 414_pi.py
```

다음은 실행 결과 화면입니다. 클라이언트 접속을 기다리고 있습니다.

```
Socket created
Socket bind complete
Socket now listening
```

PC 카메라 클라이언트에서 데이터 받기

다음은 PC 카메라 클라이언트에서 데이터를 받는 부분을 추가합니다.

1 다음과 같이 예제를 수정합니다.

414_pc.py

```
01 import socket
02 import time
03 import struct
04
05 HOST_RPI = '192.168.137.246'
06 PORT = 8089
07
08 client_cam = socket.socket(socket.AF_INET, socket.SOCK_STREAM)
09
10 client_cam.connect((HOST_RPI, PORT))
11
12 while True:
13
14        cmd = 12
15        cmd_byte = struct.pack('!B', cmd)
16        client_cam.sendall(cmd_byte)
17
18        data_byte = client_cam.recv(1)
19        data = struct.unpack('!B', data_byte)
20        print(data[0])
21
22        time.sleep(1)
23
24 client_cam.close()
```

2 PC 상에서 다음과 같이 예제를 실행합니다.

>python 414_pc.py

다음은 실행 결과 화면입니다. 1초 간격으로 34값이 출력됩니다.

Ctrl + C 키를 눌러 서버 프로그램과 클라이언트 프로그램을 종료합니다.

02_ 카메라 영상 주고 받기

다음은 라즈베리파이 카메라 서버로부터 카메라 영상을 받아 봅니다.

02_1 카메라 영상 보내기

먼저 라즈베리파이 카메라 서버에서 PC 카메라 클라이언트로 카메라 영상을 보내는 부분을 추가합니다.

■ 다음과 같이 예제를 수정합니다.

421_pi.py

```
01 import socket
02 import struct
03 import cv2
04 import pickle
05
06 VIDSRC = ' v4l2src device=/dev/video0 ! video/x-raw,width=160,height=120,framerate=20/1 !
videoscale ! videoconvert ! jpegenc ! appsink '
07
08 cap=cv2.VideoCapture(VIDSRC, cv2.CAP_GSTREAMER)
09
10 HOST = ' '
11 PORT = 8089
12
13 server = socket.socket(socket.AF_INET, socket.SOCK_STREAM)
14 print( ' Socket created ' )
15
16 server.bind((HOST, PORT))
17 print( ' Socket bind complete ' )
18
19 server.listen(10)
20 print( ' Socket now listening ' )
21
22 server_cam, addr = server.accept()
23 print( ' New Client. ' )
24
25 while True:
26
27      cmd_byte = server_cam.recv(1)
```

```
28        cmd = struct.unpack('!B', cmd_byte)
29        # print(cmd[0])
30        if cmd[0]==12 :
31
32                # capture camera data
33                ret,frame=cap.read()
34
35                # Serialize frame
36                data = pickle.dumps(frame)
37
38                # send camera data
39                data_size = struct.pack("!L", len(data))
40                server_cam.sendall(data_size + data)
41
42 server_cam.close()
43 server.close()
```

03 : cv2 모듈을 불러옵니다. cv2 모듈은 08줄에서 사용하며 영상 처리를 수행하기 위해 필요합니다.

04 : pickle 모듈을 불러옵니다. pickle 모듈은 36줄에서 사용하며 텍스트 데이터가 아닌 파이썬 객체를 파일로 저장하거나 소켓을 통해 내보낼 때 사용합니다. 이 과정을 직렬화라고 합니다. 또, 파일에 저장된 데이터를 파이썬 객체로 읽어내거나 소켓을 통해 들어오는 데이터를 파이썬 객체로 받을 때 사용합니다. 이 과정을 역직렬화라고 합니다.

06 : VIDSRC 변수를 선언한 후, v4l2 디바이스 드라이버를 통해 카메라 모듈로부터 영상을 읽어올 수 있는 문자열로 초기화합니다. VIDSRC 값은 08줄에서 사용합니다. v4l2src device=/dev/video0은 GStreamer를 통해 카메라 영상을 읽는다는 의미입니다. !(느낌표)는 파이프라고 하며 느낌표 왼쪽으로부터 오는 데이터를 오른쪽 형태의 데이터로 변환한다는 의미입니다. video/x-raw는 Raw Video Media Types(비압축 영상 매체 형식)를 의미합니다. width는 이미지의 가로 크기로 이 책에서는 160픽셀을 사용합니다. height는 이미지의 세로 크기로 이 책에서는 120픽셀을 사용합니다. framerate는 초당 프레임수를 의미하며 20/1은 초당 20 프레임을 의미합니다. videoscale는 video frame의 크기를 조정하는 역할을 합니다. videoconvert는 video format을 변환하는 역할을 합니다. jpegenc는 video frame을 jpeg 형식으로 압축하는 역할을 합니다. appsink는 실행중인 프로그램으로 영상이 흘러간다는 의미입니다. 여기서는 33줄에서 파이썬 프로그램으로 영상이 흘러가게 됩니다.

08 : cv2 모듈의 VideoCapture 객체를 생성한 후, cap 변수가 가리키도록 합니다. VideoCapture 객체는 영상 입력 기능을 가지는 클래스로 카메라 또는 파일로부터 영상을 입력받을 수 있습니다. 여기서는 GStreamer를 통해 카메라 영상을 읽어옵니다. VIDSRC는 GStreamer로 전달되는 인자입니다.

33 : cap.read 함수를 호출하여 카메라 이미지 하나를 frame 변수로 받습니다. ret는 카메라 이미지가 정상적으로 읽히면 True를 그렇지 않으면 False값을 받습니다.

36 : pickle.dumps 함수를 호출하여 frame 객체를 직렬화하여 data 변수로 받습니다.

39 : data의 길이를 struct.pack 함수를 이용하여 C의 unsigned long 형 바이트열 객체로 변환합니다. '!L'은 네트워크 통신을 통해 전송되는 unsigned long을 의미합니다. !는 network byte order를 의미합니다.

40 : sendall 함수를 호출하여 server_cam으로 data_size와 data를 보냅니다.

2 다음과 같이 예제를 실행합니다.

```
$ python 421_pi.py
```

다음은 실행 결과 화면입니다. 클라이언트 접속을 기다리고 있습니다.

```
Socket created
Socket bind complete
Socket now listening
```

02_2 카메라 영상 받기

다음은 PC 카메라 클라이언트에 카메라 영상을 받는 부분을 추가합니다.

1 다음과 같이 예제를 수정합니다.

422_pc.py

```python
01 import socket
02 import struct
03 import numpy as np
04 import cv2
05 import pickle
06
07 HOST_RPI = '192.168.137.246'
08 PORT = 8089
09
10 client_cam = socket.socket(socket.AF_INET, socket.SOCK_STREAM)
11
12 client_cam.connect((HOST_RPI, PORT))
13
14 while True:
15
16     # 영상 보내
17     cmd = 12
18     cmd_byte = struct.pack('!B', cmd)
19     client_cam.sendall(cmd_byte)
20
21     # 영상 받기
22     data_len_bytes = client_cam.recv(4)
23     data_len = struct.unpack('!L', data_len_bytes)
24
25     frame_data = client_cam.recv(data_len[0], socket.MSG_WAITALL)
26
27     # Extract frame
28     frame = pickle.loads(frame_data)
29
30     # 영상 출력
31     np_data = np.frombuffer(frame, dtype='uint8')
32     frame = cv2.imdecode(np_data,1)
```

```
33        frame = cv2.rotate(frame, cv2.ROTATE_180)
34        frame2 = cv2.resize(frame, (320, 240))
35        cv2.imshow('frame', frame2)
36
37        key = cv2.waitKey(1)
38        if key == 27:
39                break
40
41 client_cam.close()
```

03 : numpy 모듈을 np라는 이름으로 불러옵니다. numpy 모듈은 31 줄에서 사용합니다.

04 : cv2 모듈을 불러옵니다. cv2 모듈은 32~35, 37줄에서 사용하며 영상 처리를 수행하기 위해 필요합니다.

05 : pickle 모듈을 불러옵니다. pickle 모듈은 28줄에서 사용하며 텍스트 데이터가 아닌 파이썬 객체를 파일로 저장하거나 소켓을 통해 내보낼 때 사용합니다. 이 과정을 직렬화라고 합니다. 또, 파일에 저장된 데이터를 파이썬 객체로 읽어내거나 소켓을 통해 들어오는 데이터를 파이썬 객체로 받을 때 사용합니다. 이 과정을 역직렬화라고 합니다.

17~19 : 영상 이미지를 받기 위해 라즈베리파이 카메라 서버로 명령을 보냅니다.

22~23 : 카메라 영상 이미지의 크기를 받습니다.

22 : recv 함수를 호출하여 client_cam으로부터 4바이트 크기의 바이트열 객체를 data_len_bytes 변수로 받습니다. data_len_bytes는 영상 이미지의 크기값이 저장된 바이트열 객체입니다.

23 : struct.unpack 함수를 호출하여 unsigned long 형의 data_len_bytes 바이트열 객체를 파이썬 값으로 변환하여 data_len 변수에 할당합니다. '!L'은 네트워크 통신을 통해 전송되는 unsigned long을 의미합니다. !는 network byte order를 의미합니다.

25 : recv 함수를 호출하여 client_cam으로부터 data_len[0] 값 크기의 바이트열 객체를 frame_data 변수로 받습니다. frame_data 변수는 카메라 영상 이미지 하나에 대한 바이트열 객체를 받게 됩니다. socket.MSG_WAITALL는 이미지 전체를 받을 때까지 recv 함수를 나오지 않겠다는 의미입니다.

28 : pickle.loads 함수를 호출하여 frame_data 객체를 추출하여 frame 변수로 받습니다.

31~35 : 영상을 화면에 출력합니다.

31 : np.frombuffer 함수를 호출하여 frame 객체를 uint8 타입의 numpy 배열로 바꿉니다.

32 : cv2.imdecode 함수를 호출하여 np_data 배열을 BGR 컬러 이미지로 변환하여 frame 변수에 할당합니다.

33 : cv2.rotate 함수를 호출하여 frame 객체가 가리키는 이미지를 180도 뒤집습니다. 이 책에서 사용하는 RC카에는 카메라가 기본 상태에서 화면이 거꾸로 출력되는 모양으로 장착되어 있습니다.

34 : cv2.resize 함수를 호출하여 frame 이미지의 해상도를 320x240으로 변경하여 frame2에 할당합니다.

35 : cv2.imshow 함수를 호출하여 'frame' 제목을 가진 창에 frame2 이미지를 출력합니다.

37 : cv2.waitKey 함수를 호출하여 1 밀리초간 키 입력을 기다린 후, 결과값을 key 변수에 할당합니다. 키 입력값이 없을 경우 −1을 내어줍니다.

38~39 : key 값이 27이면 break 문을 수행하여 14줄의 while 문을 빠져나와 41줄로 이동합니다. 27은 ESC 키 값입니다.

2 PC 상에서 다음과 같이 예제를 실행합니다.

```
>python 422_pc.py
```

다음은 실행 결과 화면입니다. 카메라가 보고 있는 부분에 대한 영상이 출력됩니다.

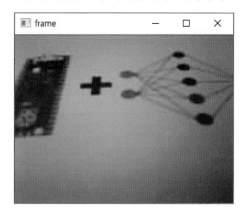

Ctrl + C 키를 눌러 서버 프로그램과 클라이언트 프로그램을 종료합니다.

02_3 frame rate 측정하기

여기서는 frame rate를 측정해 봅니다. 인공지능 자동차가 자율주행을 수행하기 위해서는 영상이 주기적으로 전달되어야 합니다.

1 다음과 같이 예제를 수정합니다.

423_pc.py

```
01 import socket
02 import struct
03 import numpy as np
04 import cv2
05 import pickle
06 import time
07
08 HOST_RPI = '192.168.137.246'
09 PORT = 8089
10
11 client_cam = socket.socket(socket.AF_INET, socket.SOCK_STREAM)
12
13 client_cam.connect((HOST_RPI, PORT))
14
15 t_now = time.time()
16 t_prev = time.time()
17 cnt_frame = 0
18
19 while True:
```

```
20
21          # 영상 보내
22          cmd = 12
23          cmd_byte = struct.pack('!B', cmd)
24          client_cam.sendall(cmd_byte)
25
26          # 영상 받기
27          data_len_bytes = client_cam.recv(4)
28          data_len = struct.unpack('!L', data_len_bytes)
29
30          frame_data = client_cam.recv(data_len[0], socket.MSG_WAITALL)
31
32          # Extract frame
33          frame = pickle.loads(frame_data)
34
35          # 영상 출력
36          np_data = np.frombuffer(frame, dtype='uint8')
37          frame = cv2.imdecode(np_data,1)
38          frame = cv2.rotate(frame, cv2.ROTATE_180)
39          frame2 = cv2.resize(frame, (320, 240))
40          cv2.imshow('frame', frame2)
41
42          key = cv2.waitKey(1)
43          if key == 27:
44                  break
45
46          cnt_frame += 1
47          t_now = time.time()
48          if t_now - t_prev >= 1.0 :
49                  t_prev = t_now
50                  print("frame count : %f" %cnt_frame)
51                  cnt_frame = 0
52
53 client_cam.close()
```

06 : time 모듈을 불러옵니다. time 모듈은 15, 16, 47줄에서 사용하며 46~51 줄에서 라즈베리파이 카메라 서버 모듈
이 보내는 초당 영상 이미지의 개수를 측정하기 위해서 사용합니다. 인공지능 딥러닝 자동차가 영상을 기반으로
자율주행을 수행할 때는 되도록 일정한 속도로 영상을 받아 처리해야 합니다. 그래서 초당 영상 이미지의 개수
를 확인하는 것이 필요합니다.

15~16 : time.time 함수를 호출하여 현재 시간을 t_now, t_prev 변수에 저장합니다.

17 : cnt_frame 변수를 선언한 후, 0으로 초기화합니다. cnt_frame 변수는 46, 50, 51줄에서 사용되며, 초당 영상 이미
지의 개수를 측정하는데 사용합니다.

46 : cnt_frame 값을 1 증가시킵니다. cnt_frame은 영상 이미지를 하나 받을 때마다 1씩 증가합니다.

47 : time.time 함수를 호출하여 현재 시간을 t_now 변수에 할당합니다.

48 : 현재 시간과 이전 시간의 차가 1초 이상이면 49~51줄을 수행합니다.

49 : t_prev를 t_now로 갱신합니다. t_prev는 1초 간격으로 갱신됩니다.

50 : cnt_frame 값을 출력하여 1초당 수신된 영상 이미지의 개수를 출력합니다.

51 : cnt_frame을 0으로 초기화합니다. cnt_frame은 1초 마다 0으로 초기화됩니다.

2 라즈베리파이 상에서 다음과 같이 예제를 실행합니다.

```
$ python 421_pi.py
```

다음은 실행 결과 화면입니다. 클라이언트 접속을 기다리고 있습니다.

```
Socket created
Socket bind complete
Socket now listening
```

3 PC 상에서 다음과 같이 예제를 실행합니다.

```
>python 423_pc.py
```

다음은 실행 결과 화면입니다.

```
frame count : 18.000000
frame count : 18.000000
frame count : 18.000000
frame count : 18.000000
frame count : 18.000000
```

필자의 경우엔 초당 18 프레임 전후로 도착합니다.

Ctrl + C 키를 눌러 서버 프로그램과 클라이언트 프로그램을 종료합니다.

03_ 라인트레이서 센서 데이터 주고 받기

다음은 라인트레이서 센서 데이터를 주고 받아봅니다. 우리는 뒤에서 영상 데이터 수집시 라인트레이서 센서 데이터도 같이 수집합니다. 영상 데이터는 인공지능 딥러닝 학습시 입력 데이터로 사용되며 라인트레이서 센서 데이터는 라벨 데이터로 사용하게 됩니다. 즉, 라인트레이서 센서를 이용하여 인공지능 딥러닝을 학습시키게 됩니다.

03_1 라인트레이서 센서 데이터 보내기

먼저 라즈베리파이 카메라 서버에서 PC 카메라 클라이언트로 라인트레이서 센서 데이터를 보내는 부분을 추가합니다.

1 제공되는 소스에서 다음 예제를 엽니다.

431_pi.py

```
01 import socket
02 import struct
03 import cv2
04 import pickle
05 import RPi.GPIO as GPIO
06
07 GPIO.setmode(GPIO.BCM)
08
09 DOs = [26,27]
10
11 for DO in DOs:
12        GPIO.setup(DO, GPIO.IN)
13
14 VIDSRC = ' v4l2src device=/dev/video0 ! video/x-raw,width=160,height=120,framerate=20/1 ! videoscale ! videoconvert ! jpegenc ! appsink '
15
16 cap=cv2.VideoCapture(VIDSRC, cv2.CAP_GSTREAMER)
17
18 HOST = ' '
19 PORT = 8089
20
21 server = socket.socket(socket.AF_INET, socket.SOCK_STREAM)
```

```
22  print('Socket created')
23
24  server.bind((HOST, PORT))
25  print('Socket bind complete')
26
27  server.listen(10)
28  print('Socket now listening')
29
30  server_cam, addr = server.accept()
31  print('New Client.')
32
33  while True:
34
35          cmd_byte = server_cam.recv(1)
36          cmd = struct.unpack('!B', cmd_byte)
37          # print(cmd[0])
38          if cmd[0]==12 :
39
40                  # capture sensor data
41                  right = GPIO.input(DOs[0])
42                  left = GPIO.input(DOs[1])
43                  print(right, left)
44
45                  # capture camera data
46                  ret,frame=cap.read()
47
48                  # prepare sensor data
49                  rl = right<<1|left<<0
50                  rl_byte = struct.pack("!B", rl)
51
52                  # Serialize frame
53                  data = pickle.dumps(frame)
54
55                  # send sensor + camera data
56                  data_size = struct.pack("!L", len(data))
57                  server_cam.sendall(rl_byte + data_size + data)
58
59  server_cam.close()
60  server.close()
61
62  GPIO.cleanup()
```

05 : RPi.GPIO 모듈을 GPIO라는 이름으로 불러옵니다.

07 : GPIO.setmode 함수를 호출하여 BCM GPIO 핀 번호를 사용하도록 설정합니다.

09 : DOs 리스트를 선언한 후, 26, 27 번 핀으로 초기화합니다. 이 핀들은 라인트레이서 용 적외선 센서 핀에 연결된 핀들입니다. 이 책에서는 라인트레이서의 적외선 센서값을 라벨 데이터로 사용합니다.

11~12 : GPIO.setup 함수를 호출하여 DOs 핀들을 입력으로 설정합니다.

41~42 : GPIO.input 함수를 호출하여 오른쪽과 왼쪽 적외선 센서 값을 읽습니다. 이 부분은 파이썬에서 딥러닝 학습시 라벨로 사용할 데이터입니다.

43 : right, left 값을 출력합니다.

49 : right 값과 left 값을 rl 변수에 모아서 넣어줍니다. right 변수는 rl 변수의 1번 비트에 left 변수는 rl 변수의 0번 비트에 저장됩니다.

50 : rl 값을 struct.pack 함수를 이용하여 C의 unsigned char 형 바이트열 객체로 변환합니다. '!B'는 네트워크 통신을 통해 전송되는 unsigned char를 의미합니다. !는 network byte order를 의미합니다.

57 : rl_byte를 (data_size + data) 앞 부분에 끼워넣어 클라이언트로 내보냅니다.

62 : GPIO.cleanup 함수를 호출하여 GPIO 핀의 상태를 초기화합니다.

② 다음과 같이 예제를 실행합니다.

```
$ python 431_pi.py
```

다음은 실행 결과 화면입니다. 클라이언트 접속을 기다리고 있습니다.

```
Socket created
Socket bind complete
Socket now listening
```

03_2 라인트레이서 센서 데이터 받기

다음은 PC 카메라 클라이언트에서 라인트레이서 센서 데이터를 받는 부분을 추가합니다.

① 다음과 같이 예제를 수정합니다.

432_pc.py

```
01 import socket
02 import struct
03 import numpy as np
04 import cv2
05 import pickle
06 import time
07
08 HOST_RPI = '192.168.137.246'
09 PORT = 8089
10
11 client_cam = socket.socket(socket.AF_INET, socket.SOCK_STREAM)
12
13 client_cam.connect((HOST_RPI, PORT))
14
15 t_now = time.time()
```

```python
16 t_prev = time.time()
17 cnt_frame = 0
18
19 while True:
20
21     # 센서 읽어, 영상 보내
22     cmd = 12
23     cmd_byte = struct.pack('!B', cmd)
24     client_cam.sendall(cmd_byte)
25
26     # 센서값 받기
27     rl_byte = client_cam.recv(1)
28     rl = struct.unpack('!B', rl_byte)
29
30     right, left = (rl[0] & 2)>>1, rl[0] & 1
31     print(right, left)
32
33     # 영상 받기
34     data_len_bytes = client_cam.recv(4)
35     data_len = struct.unpack('!L', data_len_bytes)
36
37     frame_data = client_cam.recv(data_len[0], socket.MSG_WAITALL)
38
39     # Extract frame
40     frame = pickle.loads(frame_data)
41
42     # 영상 출력
43     np_data = np.frombuffer(frame, dtype='uint8')
44     frame = cv2.imdecode(np_data,1)
45     frame = cv2.rotate(frame, cv2.ROTATE_180)
46     frame2 = cv2.resize(frame, (320, 240))
47     cv2.imshow('frame', frame2)
48
49     key = cv2.waitKey(1)
50     if key == 27:
51             break
52
53     cnt_frame += 1
54     t_now = time.time()
55     if t_now - t_prev >= 1.0 :
56             t_prev = t_now
57             print("frame count : %f" %cnt_frame)
58             cnt_frame = 0
59
60 client_cam.close()
```

22~24 : 적외선 센서값과 영상 이미지를 받기 위해 라즈베리파이 카메라 서버로 명령을 보냅니다.

27~28 : 적외선 센서값을 받습니다.

27 : recv 함수를 호출하여 client_cam으로부터 1 바이트를 읽어 rl_byte 변수에 할당합니다.

28 : struct.unpack 함수를 호출하여 unsigned char 형의 rl_byte 바이트열 객체를 파이썬 값으로 변환하여 rl 변수에 할당합니다.

30 : rl[0] 항목의 2번 비트와 1번 비트의 값을 각각 right 변수와 left 변수에 저장합니다.

31 : right, left 값을 출력합니다.

2 PC 상에서 다음과 같이 예제를 실행합니다.

```
>python 432_pc.py
```

결과 값을 확인합니다. 적외선 송수신 센서를 다음 그림의 검정색과 흰색에 가까이 대보며 값이 변하는 것을 확인합니다.

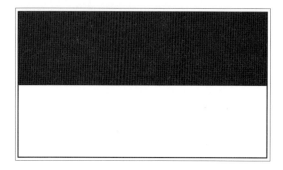

검정색과 흰색 면에 따라 0~3의 값이 나옵니다. 다음은 흰색면에 대한 센서 데이터입니다.

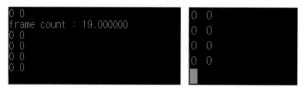

각각 라즈베리파이와 PC에서 출력되는 센서 값입니다.

Ctrl + C 키를 눌러 서버 프로그램과 클라이언트 프로그램을 종료합니다.

04_ 모터 제어 명령 주고 받기

다음은 모터 제어 명령을 주고 받아 봅니다. 라즈베리파이 카메라 서버에 모터 제어 명령을 받기 위해 소켓을 하나 추가하고 모터 제어 명령을 처리할 쓰레드를 하나 생성합니다.

04_1 모터 제어 명령 받기

먼저 라즈베리파이 카메라 서버에 모터 제어 명령을 받는 부분을 추가합니다.

1 다음과 같이 예제를 작성합니다.

441_pi.py

```
01 import socket
02 import struct
03 import cv2
04 import pickle
05 import RPi.GPIO as GPIO
06 import threading
07
08 GPIO.setmode(GPIO.BCM)
09
10 DOs = [26,27]
11
12 for DO in DOs:
13     GPIO.setup(DO, GPIO.IN)
14
15 VIDSRC = ' v4l2src device=/dev/video0 ! video/x-raw,width=160,height=120,framerate=20/1 !
videoscale ! videoconvert ! jpegenc ! appsink '
16
17 cap=cv2.VideoCapture(VIDSRC, cv2.CAP_GSTREAMER)
18
19 HOST = ' '
20 PORT = 8089
21
22 server = socket.socket(socket.AF_INET, socket.SOCK_STREAM)
23 print( ' Socket created ' )
24
25 server.bind((HOST, PORT))
26 print( ' Socket bind complete ' )
```

```
27
28 server.listen(10)
29 print('Socket now listening')
30
31 server_cam, addr = server.accept()
32 server_mot, addr = server.accept()
33 print('New Client.')
34
35 flag_exit = False
36 def mot_main() :
37
38      while True:
39
40              rl_byte = server_mot.recv(1)
41              rl = struct.unpack('!B', rl_byte)
42
43              right, left = (rl[0] & 2)>>1, rl[0] & 1
44              print(right, left)
45
46              if flag_exit: break
47
48 motThread = threading.Thread(target=mot_main)
49 motThread.start()
50
51 try:
52
53      while True:
54
55              cmd_byte = server_cam.recv(1)
56              cmd = struct.unpack('!B', cmd_byte)
57              # print(cmd[0])
58              if cmd[0]==12 :
59
60                      # capture sensor data
61                      right = GPIO.input(DOs[0])
62                      left = GPIO.input(DOs[1])
63                      # print(right, left)
64
65                      # capture camera data
66                      ret,frame=cap.read()
67
68                      # prepare sensor data
69                      rl = right<<1|left<<0
70                      rl_byte = struct.pack("!B", rl)
71
72                      # Serialize frame
```

```
73                          data = pickle.dumps(frame)
74
75                          # send sensor + camera data
76                          data_size = struct.pack("!L", len(data))
77                          server_cam.sendall(rl_byte + data_size + data)
78
79  except:
80      pass
81
82  flag_exit = True
83  motThread.join()
84
85  server_cam.close()
86  server_mot.close()
87  server.close()
88
89  GPIO.cleanup()
```

06   : threading 모듈을 불러옵니다. threading 모듈은 48, 49, 78줄에서 사용합니다.

32   : accept 함수를 호출하여 클라이언트 접속을 하나 더 받습니다. 여기서 생성된 소켓을 server_mot 변수로 받은 후, 40줄에서 사용합니다. 이 소켓은 모터 제어값을 받기 위해 사용합니다.

35   : flag_exit 변수를 선언하여 False 값으로 초기화합니다. flag_exit 변수가 True값을 가질 경우 46줄에서 쓰레드가 종료되도록 합니다. flag_exit 변수를 True로 설정하는 부분은 77줄입니다.

36~46 : 쓰레드가 수행할 mot_main 함수를 정의합니다.

38   : 계속 반복해서 40~46줄을 수행합니다.

40   : recv 함수를 호출하여 server_mot에서 1 바이트를 읽어 rl_byte 변수에 할당합니다.

41   : struct.unpack 함수를 호출하여 unsigned char 형의 rl_byte 바이트열 객체를 파이썬 값으로 변환하여 rl 변수에 할당합니다.

43   : rl[0] 항목의 2번 비트와 1번 비트의 값을 각각 right 변수와 left 변수에 저장합니다.

44   : right, left 값을 출력합니다.

46   : flag_exit 값이 True이면 38줄의 while 문을 빠져 나온 후, 종료합니다.

48   : threading.Thread 객체를 생성하여 mot_main 함수를 수행할 motThread 쓰레드를 하나 생성합니다.

49   : motThread 객체에 대해 start 함수를 호출하여 쓰레드를 수행 가능한 상태로 변경합니다. 이제 쓰레드는 임의의 순간에 수행될 수 있습니다.

51~80 : try~except 문을 수행하여 예외처리를 합니다. 53~77줄을 수행하는 동안 예외가 발생하면 80줄의 pass문을 수행한 후 82, 83줄을 수행하여 쓰레드를 종료하기 위해 필요합니다. 82, 83줄을 수행하지 않으면 쓰레드가 종료되지 않을 수 있습니다.

82   : 키보드 인터럽트와 같은 예외가 발생하면 flag_exit를 True로 설정하여 쓰레드가 종료되도록 합니다.

83   : join 함수를 호출하여 motThread 쓰레드가 종료되기를 기다립니다. 쓰레드가 종료되면 주 루틴도 종료됩니다.

86   : close 함수를 호출하여 server_mot 소켓을 닫습니다.

2 다음과 같이 예제를 실행합니다.

```
$ python 441_pi.py
```

다음은 실행 결과 화면입니다. 클라이언트 접속을 기다리고 있습니다.

```
Socket created
Socket bind complete
Socket now listening
```

04_2 모터 제어 명령 보내기

먼저 PC 카메라 클라이언트에 모터 제어 명령을 보내는 부분을 추가합니다.

1 다음과 같이 예제를 작성합니다.

02_telnet_driving_pc.py

```python
01 import socket
02 import struct
03 import numpy as np
04 import cv2
05 import pickle
06 import time
07
08 HOST_RPI = '192.168.137.246'
09 PORT = 8089
10
11 client_cam = socket.socket(socket.AF_INET, socket.SOCK_STREAM)
12 client_mot = socket.socket(socket.AF_INET, socket.SOCK_STREAM)
13
14 client_cam.connect((HOST_RPI, PORT))
15 client_mot.connect((HOST_RPI, PORT))
16
17 t_now = time.time()
18 t_prev = time.time()
19 cnt_frame = 0
20
21 while True:
22
23     # 센서 읽어, 영상 보내
24     cmd = 12
25     cmd_byte = struct.pack('!B', cmd)
26     client_cam.sendall(cmd_byte)
27
28     # 센서값 받기
29     rl_byte = client_cam.recv(1)
30     rl = struct.unpack('!B', rl_byte)
31
```

```
32        right, left = (rl[0] & 2)>>1, rl[0] & 1
33        # print(right, left)
34
35        # 영상 받기
36        data_len_bytes = client_cam.recv(4)
37        data_len = struct.unpack('!L', data_len_bytes)
38
39        frame_data = client_cam.recv(data_len[0], socket.MSG_WAITALL)
40
41        # Extract frame
42        frame = pickle.loads(frame_data)
43
44        # 영상 출력
45        np_data = np.frombuffer(frame, dtype='uint8')
46        frame = cv2.imdecode(np_data,1)
47        frame = cv2.rotate(frame, cv2.ROTATE_180)
48        frame2 = cv2.resize(frame, (320, 240))
49        cv2.imshow('frame', frame2)
50
51        # 자동차 주행
52        cmd = int(rl[0]) #34
53        cmd = struct.pack('!B', cmd)
54        client_mot.sendall(cmd)
55
56        key = cv2.waitKey(1)
57        if key == 27:
58                break
59
60        cnt_frame += 1
61        t_now = time.time()
62        if t_now - t_prev >= 1.0 :
63                t_prev = t_now
64                print("frame count : %f" %cnt_frame)
65                cnt_frame = 0
66
67 client_cam.close()
68 client_mot.close()
```

12 : socket.socket 함수를 호출하여 TCP 통신을 수행할 수 있는 소켓을 하나 더 생성한 후, client_mot 변수에 할당 합니다. client_mot은 라즈베리파이 카메라 서버의 모터 소켓과의 통신을 수행하기 위해 사용합니다.

15 : connect 함수를 호출하여 client_mot와 연결합니다.

52~54 : 자동차 주행 명령을 라즈베리파이 카메라 서버로 보냅니다.

52 : rl[0] 값을 정수로 변환하여 cmd 변수에 할당합니다.

53 : struct.pack 함수를 호출하여 cmd 값을 unsigned char 형 바이트열 객체로 변환하여 cmd 변수에 할당합니다.

54 : sendall 함수를 호출하여 client_mot로 cmd를 보냅니다.

68 : close 함수를 호출하여 client_mot와의 연결을 종료합니다.

2 다음과 같이 예제를 실행합니다.

```
>python 02_telnet_driving_pc.py
```

putty 창을 확인합니다. 다음과 같이 PC 클라이언트로부터 받은 모터 제어 명령을 출력합니다.

적외선 송수신 센서를 다음 그림의 검정색과 흰색에 가까이 대보며 값이 변하는 것을 확인합니다.

Ctrl + C 키를 눌러 서버 프로그램과 클라이언트 프로그램을 종료합니다.

05_ RC카 주행 원격 제어하기

다음은 PC 클라이언트로부터 받은 모터 제어 명령을 이용하여 라즈베리파이 RC카를 주행시켜 봅니다.

1 다음과 같이 예제를 작성합니다.

01_telnet_driving_pi.py

```
001 import socket
002 import struct
003 import cv2
004 import pickle
005 import RPi.GPIO as GPIO
006 import threading
007 from motor_control import *
008
009 GPIO.setmode(GPIO.BCM)
010
011 initMotor()
012
013 speedFwd = 20
014 speedCurve = 60
015
016 DOs = [26,27]
017
018 for DO in DOs:
019     GPIO.setup(DO, GPIO.IN)
020
021 VIDSRC = ' v4l2src device=/dev/video0 ! video/x-raw,width=160,height=120,framerate=20/1 !
videoscale ! videoconvert ! jpegenc ! appsink '
022
023 cap=cv2.VideoCapture(VIDSRC, cv2.CAP_GSTREAMER)
024
025 HOST = ' '
026 PORT = 8089
027
028 server = socket.socket(socket.AF_INET, socket.SOCK_STREAM)
029 print( ' Socket created ' )
030
031 server.bind((HOST, PORT))
032 print( ' Socket bind complete ' )
```

```
033
034 server.listen(10)
035 print('Socket now listening')
036
037 server_cam, addr = server.accept()
038 server_mot, addr = server.accept()
039 print('New Client.')
040
041 flag_exit = False
042 def mot_main():
043
044     while True:
045
046             rl_byte = server_mot.recv(1)
047             rl = struct.unpack('!B', rl_byte)
048
049             right, left = (rl[0] & 2)>>1, rl[0] & 1
050             # print(right, left)
051             if not right and not left :
052                     goForward(speedFwd)
053             elif not right and left :
054                     turnRight(speedCurve)
055             elif right and not left :
056                     turnLeft(speedCurve)
057
058             if flag_exit: break
059
060 motThread = threading.Thread(target=mot_main)
061 motThread.start()
062
063 try:
064
065     while True:
066
067             cmd_byte = server_cam.recv(1)
068             cmd = struct.unpack('!B', cmd_byte)
069             # print(cmd[0])
070             if cmd[0]==12 :
071
072                     # capture sensor data
073                     right = GPIO.input(DOs[0])
074                     left = GPIO.input(DOs[1])
075                     # print(right, left)
076
077                     # capture camera data
078                     ret,frame=cap.read()
```

```
079
080                         # prepare sensor data
081                         rl = right<<1|left<<0
082                         rl_byte = struct.pack("!B", rl)
083
084                         # Serialize frame
085                         data = pickle.dumps(frame)
086
087                         # send sensor + camera data
088                         data_size = struct.pack("!L", len(data))
089                         server_cam.sendall(rl_byte + data_size + data)
090
091 except KeyboardInterrupt:
092     pass
093 except ConnectionResetError:
094     pass
095 except BrokenPipeError:
096     pass
097 except:
098     pass
099
100 flag_exit = True
101 motThread.join()
102
103 server_cam.close()
104 server_mot.close()
105 server.close()
106
107 exitMotor()
108 GPIO.cleanup()
```

07 : motor_control 모듈에 정의된 함수를 불러옵니다.

11 : initMotor 함수를 호출하여 모터를 초기화합니다. initMotor 함수는 motor_control 모듈에 정의되어 있습니다.

13 : speedFwd 변수를 선언한 후, 20으로 초기화합니다. 여기서 20은 자동차의 전진 속도를 의미합니다. 전진 속도값은 0~90 사이의 값을 가질 수 있습니다. 전진 속도가 너무 빠를 경우 자동차가 자율 주행 시 경로에서 이탈할 수 있습니다. 이 값은 이 책에서 사용하는 자동차에 경험적으로 맞추어진 값으로 독자 여러분은 되도록 이 값을 사용하도록 합니다. 이 책을 다 공부한 후에는 개별적으로 값을 바꾸어 보며 인공지능 자동차를 테스트해도 좋습니다.

14 : speedCurve 정수를 선언한 후, 60으로 초기화합니다. 60은 좌우회전 속도를 의미합니다. 회전 속도값은 0~90 사이의 값을 가질 수 있습니다. 이 값은 이 책에서 사용하는 자동차에 경험적으로 맞추어진 값으로 독자 여러분은 되도록 이 값을 사용하도록 합니다. 이 책을 다 공부한 후에는 개별적으로 값을 바꾸어 보며 인공지능 자동차를 테스트해도 좋습니다.

51~52 : right와 left값이 동시에 0이면 goForward 함수를 호출하여 speedFwd의 속도로 전진합니다.

53~54 : right값이 0이고 left값이 1이면 turnRight 함수를 호출하여 speedCurve의 속도로 우회전합니다.

55~56 : right값이 1이고 left값이 0이면 turnLeft 함수를 호출하여 speedCurve의 속도로 좌회전합니다.

107 : 클라이언트와의 접속이 끊어지면 exitMotor 함수를 호출하여 모터 구동을 멈춥니다.

2 다음과 같이 RC카를 도로위에 놓습니다.

❶ 라즈베리파이에 전원이 연결된 것을 확인하고, ❷ 라즈베리파이 RC카 쉴드에 전원이 연결된 것을 확인하고, ❸ 모터 전원 스위치를 겹니다.

3 다음과 같이 모바일 핫스팟에 라즈베리파이가 접속된 것을 확인합니다.

연결된 장치:	1/8	
장치 이름	IP 주소	물리적 주소(MAC)
raspberrypi	192.168.137.246	dc:a6:32:3b:d3:70

4 다음과 같이 예제를 실행합니다.

```
$ python 01_telnet_driving_pi.py
```

다음은 실행 결과 화면입니다. 클라이언트 접속을 기다리고 있습니다.

```
Socket created
Socket bind complete
Socket now listening
```

5 PC 상에서 다음과 같이 예제를 실행합니다.

```
>python 02_telnet_driving_pc.py
```

라인트레이서 센서 값에 따라 주행하는 것을 확인합니다. Ctrl + C 키를 눌러 서버 프로그램과 클라이언트 프로그램을 종료합니다.

06_ 데이터 수집하기

다음은 자동차를 주행시키며 데이터를 수집합니다. 데이터는 주행 시 영상 데이터와 라인트레이서 센서 데이터를 수집합니다. 인공지능 학습 시 영상 데이터는 CNN 인공 신경망의 입력 데이터가 되며 센서 데이터는 라벨 데이터가 됩니다. 이 예제에서는 4000개의 데이터를 수집하며 시간은 5분 정도 걸립니다. 데이터가 많을수록 인공 신경망의 학습 결과는 더 좋습니다. 그러나 학습 시간이 더 걸리게 됩니다.

1 다음과 같이 예제를 작성합니다.

03_data_collection_pc.py

```
01 import socket
02 import struct
03 import numpy as np
04 import cv2
05 import pickle
06 import time
07 import os
08 import csv
09
10 HOST_RPI = ' 192.168.137.246 '
11 PORT = 8089
12
13 client_cam = socket.socket(socket.AF_INET, socket.SOCK_STREAM)
14 client_mot = socket.socket(socket.AF_INET, socket.SOCK_STREAM)
15
16 client_cam.connect((HOST_RPI, PORT))
17 client_mot.connect((HOST_RPI, PORT))
18
19 t_now = time.time()
20 t_prev = time.time()
21 cnt_frame = 0
22 cnt_frame_total = 0
23 FRAME_TOTAL = 4000
24
25 dirname = " data.%f " %(time.time())
26 os.mkdir(dirname)
27 os.mkdir(os.path.join(dirname, " left "))
28 os.mkdir(os.path.join(dirname, " right "))
```

```
29 os.mkdir(os.path.join(dirname, "forward"))
30
31 f_csv = open(os.path.join(dirname, "0_road_labels.csv"),'w', newline='')
32 wr = csv.writer(f_csv)
33 wr.writerow(["file","label"])
34
35 names = ['forward', 'right', 'left', 'forward']
36
37 while True:
38
39     # 센서 읽어, 영상 보내
40     cmd = 12
41     cmd_byte = struct.pack('!B', cmd)
42     client_cam.sendall(cmd_byte)
43
44     # 센서값 받기
45     rl_byte = client_cam.recv(1)
46     rl = struct.unpack('!B', rl_byte)
47
48     right, left = (rl[0] & 2)>>1, rl[0] & 1
49     # print(right, left)
50
51     # 영상 받기
52     data_len_bytes = client_cam.recv(4)
53     data_len = struct.unpack('!L', data_len_bytes)
54
55     frame_data = client_cam.recv(data_len[0], socket.MSG_WAITALL)
56
57     # Extract frame
58     frame = pickle.loads(frame_data)
59
60     # 영상 출력
61     np_data = np.frombuffer(frame, dtype='uint8')
62     frame = cv2.imdecode(np_data,1)
63     frame = cv2.rotate(frame, cv2.ROTATE_180)
64     frame2 = cv2.resize(frame, (320, 240))
65     cv2.imshow('frame', frame2)
66
67     if not right or not left :
68             road_file = "%f.png" %(time.time())
69             cv2.imwrite(
70                     os.path.join(os.path.join(dirname, names[rl[0]]), road_file),
71                     frame)
72             wr.writerow([os.path.join(names[rl[0]], road_file),rl[0]])
73
74     # 자동차 주행
```

```
75          cmd = int(rl[0]) #34
76          cmd = struct.pack('!B', cmd)
77          client_mot.sendall(cmd)
78
79          key = cv2.waitKey(1)
80          if key == 27:
81                  break
82
83          if not right or not left :
84                  cnt_frame_total += 1
85                  if cnt_frame_total >= FRAME_TOTAL :
86                          break
87
88          cnt_frame += 1
89          t_now = time.time()
90          if t_now - t_prev >= 1.0 :
91                  t_prev = t_now
92                  print("frame count : %f" %cnt_frame, \
93                          "total frame : %d" %cnt_frame_total)
94                  cnt_frame = 0
95
96 client_cam.close()
97 client_mot.close()
98
99 f_csv.close()
```

07 : os 모듈을 불러옵니다. os 모듈은 26~31, 70~72줄에서 디렉터리를 생성하고 파일의 경로명을 완성하기 위해 사용합니다.

08 : csv 모듈을 불러옵니다. csv 모듈은 32줄에서 사용하며 수집된 데이터를 기록하기 위해 필요합니다.

22 : cnt_frame_total 변수를 선언하고 0으로 초기화합니다. 이 변수는 수집중인 데이터의 전체 개수를 기록합니다.

23 : FRAME_TOTAL 변수를 선언하고 4000으로 초기화합니다. 이 변수는 수집할 데이터의 전체 개수를 설정합니다. 이 예제에서는 4000개의 카메라 영상 이미지와 센서 데이터 쌍을 모으게 됩니다.

25~26 : os.mkdir 함수를 호출하여 다음과 같은 형태의 디렉터리를 생성합니다. 디렉터리의 이름은 time.time 함수를 호출한 시점의 시간이 됩니다.

> 📁 data.1642935772.124137

27~29 : os.mkdir 함수를 호출하여 다음 그림과 같은 형태의 디렉터리를 생성합니다. 여기서 os.path.join 함수는 상위 경로를 포함한 디렉터리명을 생성하기 위해 사용합니다.

> 📁 forward
> 📁 left
> 📁 right
> 📄 0_road_labels.csv

31 : open 함수를 호출하여 위 그림과 같은 0_road_labels.csv 파일을 쓰기 용으로 생성하여 f_csv에 할당합니다. 윈도우즈의 경우 csv 모듈에서 데이타를 쓸 때 각 라인 뒤에 빈 줄이 추가되는 문제가 있으며, 이를 없애기 위해 파이썬 3 에서는 파일을 open 할 때 newline='' 옵션을 지정해 줍니다.

32 : f_csv 파일에 대해 csv.writer 객체를 생성하여 wr 변수에 할당합니다.

33 : writerow 함수를 호출하여 "file", "label" 문자열을 f_csv가 가리키는 파일에 씁니다. 다음과 같이 첫 번째 줄에 기록됩니다.

```
1  file,label
```

35 : names 변수를 선언하고 카메라 영상 이미지 데이터를 저장할 디렉터리의 이름을 가진 리스트로 초기화합니다.

67 : right 값이 1이거나 left 값이 1일 때 68~72줄을 수행하여 수집한 데이터를 기록합니다. right 값과 left 값이 동시에 0인 경우는 자동차가 도로 밖으로 나간 상황으로 수집한 데이터를 기록하지 않습니다.

69~71 : cv2.imwrite 함수를 호출하여 다음 그림과 같은 형태의 파일을 생성하고 카메라 영상 이미지 데이터를 저장합니다. 파일의 이름은 time.time 함수를 호출한 시점의 시간이 됩니다.

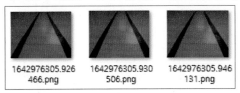

1642976305.926   1642976305.930   1642976305.946
466.png   506.png   131.png

72 : writerow 함수를 호출하여 수집한 영상 이미지 파일 이름과 센서값을 f_csv가 가리키는 파일에 씁니다. 예를 들어, 다음과 같은 형태로 기록됩니다.

```
1  file,label
2  forward\1642976305.926466.png,0
3  forward\1642976305.930506.png,0
4  forward\1642976305.946131.png,0
```

83 : right 값이 1이거나 left 값이 1일 때 84~86줄을 수행하여 현재까지 수집한 데이터의 개수를 기록합니다.

84~86 : cnt_frame_total 값을 1 증가시킨 후, FRAME_TOTAL 값보다 크거나 같은 경우 break 문을 수행하여 37줄의 while 문을 빠져나와 96줄로 이동합니다. cnt_frame_total 변수는 현재까지 수집한 데이터 전체의 개수를 기록합니다. 이 예제에서는 4000개의 데이터를 수집한 후 빠져나옵니다.

93 : cnt_frame_total 값을 출력합니다.

99 : close 함수를 호출하여 f_csv 파일을 닫습니다.

2 다음과 같이 RC카를 도로위에 놓습니다.

❶ 라즈베리파이에 전원이 연결된 것을 확인하고, ❷ 라즈베리파이 RC카 쉴드에 전원이 연결된 것을 확인하고, ❸ 모터 전원 스위치를 겹니다.

❸ 다음과 같이 모바일 핫스팟에 라즈베리파이가 접속된 것을 확인합니다.

연결된 장치:	1/8	
장치 이름	IP 주소	물리적 주소(MAC)
raspberrypi	192.168.137.246	dc:a6:32:3b:d3:70

❹ 다음과 같이 예제를 실행합니다.

```
$ python 01_telnet_driving_pi.py
```

다음은 실행 결과 화면입니다. 클라이언트 접속을 기다리고 있습니다.

```
Socket created
Socket bind complete
Socket now listening
```

❺ PC 상에서 다음과 같이 예제를 실행합니다.

```
>python 03_data_collection_pc.py
```

다음은 실행화면입니다.

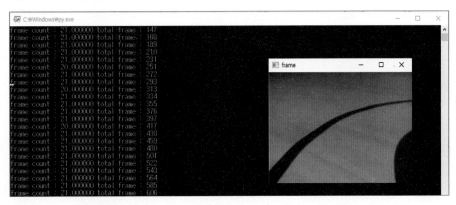

필자의 경우 4000개의 데이터를 수집하는데 5분 정도의 시간이 걸렸습니다. 다음은 필자가 녹화한
동영상 사진입니다.

해당 동영상은 소스와 함께 제공됩니다. [03_data_collection.mp4] 동영상을 참고합니다.

6 다음과 같이 데이터 수집용 디렉터리가 생성된 것을 확인합니다.

7 디렉터리의 내용을 확인합니다.

forward
left
right
0_road_labels.csv

3개의 디렉터리에는 전진 동작, 좌회전 동작, 우회전 동작에 대한 사진이 있습니다. 0_road_labels. csv 파일에는 3개의 디렉터리에 저장된 사진의 경로명과 센서 데이터값이 기록되어 있습니다.

07_ CNN 인공지능 학습하기

여기서는 앞에서 수집한 데이터를 이용하여 CNN 인공 신경망을 학습시켜 봅니다. 여기서 학습시킬 CNN 인공 신경망은 다음과 같은 형태로 동키카에서 사용하는 인공 신경망입니다.

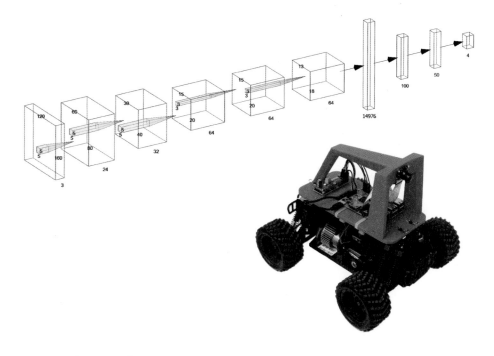

07_1 수집한 데이터 불러오기

여기서는 이전 단원에서 수집한 데이터를 읽어와 인공 신경망에서 사용할 수 있는 텐서로 변경해 봅니다. 텐서는 3차원 이상의 행렬을 의미하며 프로그래밍 언어 관점에서는 3차원 이상의 배열이 됩니다.

■ 다음과 같이 예제를 작성합니다.

04_cnn_training_1.py

```
01 from tensorflow.keras.preprocessing import image as keras_image
02 import os
03 import numpy as np
04 from tqdm import tqdm
05 from PIL import ImageFile
06 import pandas as pd
```

```
07
08 dirname = "data.1642935772.124137/"
09
10 def image_to_tensor(img_path):
11        img = keras_image.load_img(
12                os.path.join(dirname, img_path),
13                target_size=(120,160))
14        x = keras_image.img_to_array(img)
15        return np.expand_dims(x, axis=0)
16
17 def data_to_tensor(img_paths):
18        list_of_tensors = [
19                image_to_tensor(img_path) for img_path in tqdm(img_paths)]
20        return np.vstack(list_of_tensors)
21
22 ImageFile.LOAD_TRUNCATED_IMAGES = True
23 # Load the data
24 data = pd.read_csv(os.path.join(dirname, "0_road_labels.csv"))
25
26 files = data['file']
27 targets = data['label'].values
28
29 tensors = data_to_tensor(files)
30
31 print(data.tail())
32 print(tensors.shape)
33 print(targets.shape)
```

01 : tensorflow.keras.preprocessing 모듈로부터 image 하위 모듈을 keras_image라는 이름으로 불러옵니다. keras_image 모듈은 11, 14줄에서 사용합니다.

02 : os 모듈을 불러옵니다. os 모듈은 12, 24줄에서 사용하여 파일 이름을 구성하는데 사용합니다.

03 : numpy 모듈을 np라는 이름으로 불러옵니다. np 모듈은 15, 20줄에서 사용합니다.

04 : tqdm 모듈로부터 하위 모듈인 tqdm 모듈을 불러옵니다. tqdm 모듈은 19줄에서 사용하며 다음과 같이 작업 진행률을 표시합니다.

`100%|████████████████████████████████████████████| 4000/4000 [00:19<00:00, 203.61it/s]`

05 : PIL 모듈로부터 하위 모듈인 ImageFile 모듈을 불러옵니다. ImageFile 모듈은 22줄에서 사용하며 잘린 이미지(손 상된 이미지)도 읽어올 수 있게 합니다.

06 : pandas 모듈을 pd라는 이름으로 불러옵니다. pd 모듈은 24줄에서 사용하며 다음 파일을 읽어오는 데 사용합니다.

📄 0_road_labels.csv

08 : dirname 변수를 선언하고 앞에서 다음과 같이 데이터 수집을 위해 생성한 디렉터리의 이름을 넣어줍니다.

📁 data.1642935772.124137

디렉터리의 이름을 복사할 경우, 오타를 막기 위해 다음과 같이 디렉터리 이름 부분을 왼쪽 마우스 클릭하여 음영 처리가 되게 한 후, Ctrl + C 키를 눌러 복사한 후, 08줄의 문자열 부분에 Ctrl + V 키를 눌러 붙여 넣어줍니다.

📁 data.1642935772.124137

10~15 : image_to_tensor 함수를 정의합니다. image_to_tensor 함수는 img_path 매개변수를 통해 넘어온 이미지를 numpy 배열로 변환합니다. image_to_tensor 함수는 19줄에서 호출합니다.

11~13 : keras_image.load_img 함수를 호출하여 이미지를 PIL 형식으로 불러와 img 변수에 할당합니다. target_size는 이미지 파일의 높이와 너비를 지정하는 매개변수입니다.

14 : keras_image.img_to_array 함수를 호출하여 PIL 형식의 이미지를 numpy 배열로 바꾸어 x 변수에 할당합니다. x의 모양은 다음과 같은 형태의 3차원 배열(텐서)입니다. 다음 값은 이미지의 높이, 너비, 색깔의 개수를 의미합니다.

> (120, 160, 3)

15 : np.expand_dims 함수를 호출하여 numpy 배열의 모양을 다음과 같이 확장합니다.

> (1, 120, 160, 3)

3차원 배열을 4차원 배열로 변환해 줍니다.

17~20 : data_to_tensor 함수를 정의합니다. data_to_tensor 함수는 img_paths 매개변수를 통해 넘어온 전체 이미지에 대해 이미지 각각을 텐서(numpy 배열)로 변경하여 리스트에 넣은 후, np.vstack 함수를 호출하여 다음과 같은 형태의 텐서(numpy 배열)로 변경하여 내어줍니다.

> (4000, 120, 160, 3)

data_to_tensor 함수는 029줄에서 호출합니다.

18~19 : img_paths 매개변수를 통해 넘어온 전체 이미지에 대해 각각의 이미지를 img_path 변수로 받아 image_to_tensor 함수를 이용하여 다음과 같은 형태의 텐서로 변경한 후, 리스트에 넣어줍니다. 최종 결과 리스트는 list_of_tensors 변수에 할당합니다.

> (1, 120, 160, 3)

20 : np.vstack 함수를 호출하여 텐서 리스트를 다음과 같은 형태의 텐서로 변경해 내어줍니다.

> (4000, 120, 160, 3)

22 : ImageFile.LOAD_TRUNCATED_IMAGES 변수를 True로 설정하여 PIL 형식의 이미지에 대해 잘린 이미지(손상된 이미지)도 읽어올 수 있게 합니다. PIL 형식의 이미지는 011줄의 load_img 함수와 014줄의 img_to_array 함수에서 사용합니다.

24 : read_csv 함수를 호출하여 다음 파일을 읽어와 data 변수에 할당합니다.

> 📄 0_road_labels.csv

26 : data 파일의 file 항목을 읽어 files 변수에 할당합니다. 예를 들어, files 변수는 다음과 같은 값들로 채워집니다.

```
1  file,label
2  forward\1642976305.926466.png,0
3  forward\1642976305.930506.png,0
4  forward\1642976305.946131.png,0
```

27 : data 파일의 label 항목의 값들을 읽어 targets 변수에 할당합니다. 예를 들어, targets 변수는 다음과 같은 값들로 채워집니다.

> 0
> 0
> 0

29 : data_to_tensor 함수를 호출하여 files가 가리키는 전체 파일들을 텐서로 변경하여 tensors 변수에 할당합니다. tensors 변수는 다음과 같은 모양의 텐서(numpy 4차원 배열)를 가리킵니다.

> (4000, 120, 160, 3)

31 : data 변수가 가리키는 csv 파일의 마지막 5줄을 출력합니다.

32 : tensors.shape을 출력합니다. 다음과 같이 출력됩니다. 4000개의 120x160x3 크기의 이미지를 저장한 텐서를 의미합니다.

> (4000, 120, 160, 3)

33 : targets.shape을 출력합니다. 다음과 같이 출력됩니다. 4000개의 라벨을 저장한 텐서를 의미합니다.

> (4000,)

2 PC 상에서 다음과 같이 예제를 실행합니다.

```
>python 04_cnn_training_1.py
```

다음은 실행 결과 화면입니다.

수집된 데이터 파일을 읽어오고, 마지막에 수집된 5개의 데이터 정보를 출력하고, 입력 데이터와 라벨 데이터의 텐서 모양을 출력합니다.

07_2 수집한 이미지 출력해 보기

여기서는 수집된 데이터 중 처음 4개의 데이터를 화면에 출력해 봅니다.

1 다음과 같이 예제를 작성합니다.

04_cnn_training_2.py

```python
01 from tensorflow.keras.preprocessing import image as keras_image
02 import os
03 import numpy as np
04 from tqdm import tqdm
05 from PIL import ImageFile
06 import pandas as pd
07
08 dirname = "data.1642935772.124137/"
09
10 def image_to_tensor(img_path):
11     img = keras_image.load_img(
12             os.path.join(dirname, img_path),
13             target_size=(120,160))
14     x = keras_image.img_to_array(img)
15     return np.expand_dims(x, axis=0)
16
17 def data_to_tensor(img_paths):
18     list_of_tensors = [
19             image_to_tensor(img_path) for img_path in tqdm(img_paths)]
20     return np.vstack(list_of_tensors)
21
```

```
22 ImageFile.LOAD_TRUNCATED_IMAGES = True
23 # Load the data
24 data = pd.read_csv(os.path.join(dirname, "0_road_labels.csv"))
25
26 files = data['file']
27 targets = data['label'].values
28
29 tensors = data_to_tensor(files)
30
31 print(data.tail())
32 print(tensors.shape)
33 print(targets.shape)
34
35 ###
36
37 import cv2
38 import matplotlib.pyplot as plt
39
40 # Name list
41 names = ['forward', 'right', 'left', 'forward']
42
43 def display_images(img_path, ax):
44     img = cv2.imread(os.path.join(dirname, img_path))
45     ax.imshow(cv2.cvtColor(img, cv2.COLOR_BGR2RGB))
46
47 fig = plt.figure(figsize=(10, 3))
48 for i in range(4):
49     ax = fig.add_subplot(1, 4, i + 1, xticks=[], yticks=[])
50     ax.set_title(names[targets[i+4]], color='blue')
51     display_images(files[i+4], ax)
52 plt.show()
```

37 : cv2 모듈을 불러옵니다. cv2 모듈은 44, 45줄에서 사용하며 읽어온 이미지를 화면에 보여주기 위해 사용합니다.

38 : matplotlib.pyplot 모듈을 plt라는 이름으로 불러옵니다. plt 모듈은 그래프를 그릴 때 사용합니다.

41 : names 변수를 생성한 후 자동차 운전 동작을 의미하는 문자열 리스트로 초기화합니다.

43~45 : display_images 함수를 정의합니다. display_images 함수의 첫 번째 매개변수는 이미지 경로를 나타내는 img_path이며 두 번째 매개변수는 이미지를 출력할 ax AxesSubplot 객체입니다. ax는 49줄에서 생성된 AxesSubplot 객체를 받아 51줄에서 인자로 전달됩니다. display_images 함수는 51줄에서 호출합니다.

44 : cv2.imread 함수를 호출하여 img_path 매개변수로 전달된 파일을 읽어 img 변수에 할당합니다.

45 : cv2.cvtColor 함수를 호출하여 img가 가리키는 이미지를 RGB 형식으로 변경한 후, imshow 함수를 호출하여 ax 가 가리키는 AxesSubplot 객체상에 표시합니다. AxesSubplot은 가로 세로 좌표로 구성된 그래프를 그릴 수 있는 객체입니다.

47 : plt.figure 함수를 호출하여 Figure 객체를 만들어 fig 변수에 할당합니다. 한 화면에 여러 개의 그래프를 그리려면 figure 함수를 통해 Figure 객체를 먼저 만든 후 add_subplot 함수를 통해 그리려는 그래프 개수만큼 AxesSubplot 객체를 만들면 됩니다. figsize는 그림의 인치 단위의 크기를 나타냅니다. 여기서는 가로 10인치, 세로 3인치의 그림을 그린다는 의미입니다.

48 : 0이상 4미만 정수에 대해 49~51줄을 수행합니다.

49 : add_subplot 함수를 호출하여 fig 객체에 subplot을 추가합니다. subplot의 개수는 add_subplot 함수의 첫 번째, 두 번째 인자를 통해 조정할 수 있습니다. 첫 번째 인자는 세로 행의 개수, 두 번째 인자는 가로 열의 개수를 의미합니다. 이 예제에서는 1행 4열로 subplot이 Figure 객체 상에 배치됩니다. add_subplot 함수의 세 번째 인자는 생성될 subplot이 놓일 순서를 의미합니다. xticks, yticks는 그래프의 X, Y축의 눈금을 설정하는 인자입니다. 여기서는 빈 리스트를 주어 눈금을 표시하지 않습니다.

50 : set_title 함수를 호출하여 ax subplot의 제목을 파란색으로 표시합니다.

51 : display_images 함수를 호출하여 files 리스트에 저장된 파일 중 하나를 ax subplot 상에 표시합니다.

52 : plt.show 함수를 호출하여 fig 객체에 그려진 그래프를 화면에 표시합니다. 다음은 47~52줄을 수행한 결과 화면입니다.

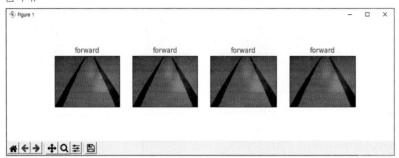

2 다음과 같이 예제를 실행합니다.

```
>python 04_cnn_training_2.py
```

다음은 실행 결과 화면입니다.

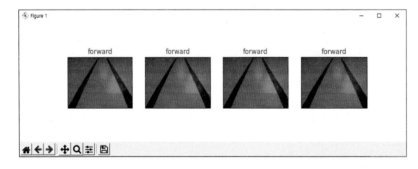

처음 4개에 대한 이미지와 라벨이 출력됩니다.

07_3 훈련, 검증, 시험 데이터 분리하기

여기서는 수집한 데이터를 훈련, 검증, 시험 데이터로 분리합니다. 훈련 데이터 80%, 검증 데이터 10%, 시험 데이터 10%로 임의로 분리합니다. 훈련 데이터는 인공 신경망 학습에 사용되며, 검증 데이터는 학습 도중에 검증 용으로 사용하며, 시험 데이터는 학습이 끝난 후에 사용합니다.

1 다음과 같이 예제를 작성합니다.

04_cnn_training_3.py

```
01 from tensorflow.keras.preprocessing import image as keras_image
02 import os
03 import numpy as np
04 from tqdm import tqdm
05 from PIL import ImageFile
06 import pandas as pd
07
08 dirname = "data.1642935772.124137/"
09
10 def image_to_tensor(img_path):
11     img = keras_image.load_img(
12             os.path.join(dirname, img_path),
13             target_size=(120,160))
14     x = keras_image.img_to_array(img)
15     return np.expand_dims(x, axis=0)
16
17 def data_to_tensor(img_paths):
18     list_of_tensors = [
19             image_to_tensor(img_path) for img_path in tqdm(img_paths)]
20     return np.vstack(list_of_tensors)
21
22 ImageFile.LOAD_TRUNCATED_IMAGES = True
23 # Load the data
24 data = pd.read_csv(os.path.join(dirname, "0_road_labels.csv"))
25
26 files = data['file']
27 targets = data['label'].values
28
29 tensors = data_to_tensor(files)
30
31 print(data.tail())
32 print(tensors.shape)
33 print(targets.shape)
34
35 ###
36
37 import cv2
38 import matplotlib.pyplot as plt
39
40 # Name list
41 names = ['forward', 'right', 'left', 'forward']
42
43 def display_images(img_path, ax):
44     img = cv2.imread(os.path.join(dirname, img_path))
45     ax.imshow(cv2.cvtColor(img, cv2.COLOR_BGR2RGB))
46
47 fig = plt.figure(figsize=(10, 3))
```

```
48 for i in range(4):
49     ax = fig.add_subplot(1, 4, i + 1, xticks=[], yticks=[])
50     ax.set_title(names[targets[i+4]], color='blue')
51     display_images(files[i+4], ax)
52 plt.show()
53
54 ###
55
56 from tensorflow.keras.utils import to_categorical
57 from sklearn.model_selection import train_test_split
58
59 tensors = tensors.reshape(-1,120,160,3)
60 print(tensors.shape)
61
62 tensors = tensors.astype('float32')/255
63 targets = to_categorical(targets, 4)
64
65 x_train, x_test, y_train, y_test = train_test_split(
66             tensors,
67             targets,
68             test_size = 0.2,
69             random_state = 1)
70
71 n = int(len(x_test)/2)
72 x_valid, y_valid = x_test[:n], y_test[:n]
73 x_test, y_test = x_test[n:], y_test[n:]
74
75 print(x_train.shape, y_train.shape)
76 print(x_test.shape, y_test.shape)
77 print(x_valid.shape, y_valid.shape)
```

56 : tensorflow.keras.utils 모듈로부터 to_categorical 함수를 불러옵니다. to_categorical 모듈은 63줄에서 사용합니다.

57 : sklearn.model_selection 모듈로부터 train_test_split 함수를 불러옵니다. train_test_split 함수는 65줄에서 사용합니다.

59 : reshape 함수를 호출하여 tensors의 모양을 재구조화합니다. 실제로 여기서는 기존의 모양과 같습니다.

60 : tensors의 모양을 출력해 봅니다.

62 : tensors의 값을 255로 나누어 0과 1사이의 실수로 변경합니다.

63 : to_categorical 함수를 호출하여 targets의 모양을 클래스 벡터(정수 벡터)에서 이진 클래스 행렬로 변경합니다. 예를 들어, 3은 [0 0 0 1]과 같이 1은 [0 1·0 0]과 같이 바뀝니다. 이와 같은 형태로 변경하는 것을 one hot encoding이라고 합니다.

65~69 : train_test_split 함수를 호출하여 (tensors, targets) 데이터 셋을 8대2로 훈련용 데이터와 시험용 데이터로 나눕니다. 데이터를 나눌 때는 임의로 섞어서 나눕니다. 훈련용 데이터는 x_train, y_train으로 시험용 데이터는 x_test, y_test로 받습니다. 실제로 이 예제에서는 4000개의 데이터 중 3200개가 훈련용 데이터가 되고 나머지 800개가 시험용 데이터가 됩니다. x_train, x_test는 이미지 데이터를 받고, y_train, y_test는 라벨 데이터를 받습니다.

71 : x_test의 크기를 2로 나눈 정수값을 n으로 받습니다.

72 : x_test, y_test 데이터의 앞쪽 반을 x_valid, y_valid로 받습니다. x_valid, y_valid는 인공 신경망 훈련 도중에 검증용 데이터로 사용합니다.

73 : x_test, y_test 데이터의 뒤쪽 반을 x_test, y_test로 받습니다. x_test, y_test는 인공 신경망에 대한 훈련이 끝나고 시험용 데이터로 사용합니다.

75~77 : 훈련용, 시험용, 검증용 데이터의 모양을 출력합니다. 다음과 같이 출력됩니다.

```
(3200, 120, 160, 3) (3200, 4)
(400, 120, 160, 3) (400, 4)
(400, 120, 160, 3) (400, 4)
```

2 다음과 같이 예제를 실행합니다.

```
>python 04_cnn_training_3.py
```

다음은 실행 결과 화면입니다.

```
(4000, 120, 160, 3)
(3200, 120, 160, 3) (3200, 4)
(400, 120, 160, 3) (400, 4)
(400, 120, 160, 3) (400, 4)
```

전체 데이터의 개수는 4000개이며, 학습용 데이터는 3200개, 검증용 데이터는 400개, 시험용 데이터는 400입니다.

07_4 인공 신경망 학습시키기

이제 인공 신경망을 학습시켜봅니다. 여기서 학습한 인공 신경망을 자율주행에 사용하게 됩니다.

1 다음과 같이 예제를 수정합니다.

04_cnn_training_4.py

```
001 from tensorflow.keras.preprocessing import image as keras_image
002 import os
003 import numpy as np
004 from tqdm import tqdm
005 from PIL import ImageFile
006 import pandas as pd
007
008 dirname = "data.1642935772.124137/"
009
010 def image_to_tensor(img_path):
011     img = keras_image.load_img(
012             os.path.join(dirname, img_path),
013             target_size=(120,160))
014     x = keras_image.img_to_array(img)
015     return np.expand_dims(x, axis=0)
016
017 def data_to_tensor(img_paths):
```

```
018        list_of_tensors = [
019                 image_to_tensor(img_path) for img_path in tqdm(img_paths)]
020        return np.vstack(list_of_tensors)
021
022 ImageFile.LOAD_TRUNCATED_IMAGES = True
023 # Load the data
024 data = pd.read_csv(os.path.join(dirname, "0_road_labels.csv"))
025
026 files = data['file']
027 targets = data['label'].values
028
029 tensors = data_to_tensor(files)
030
031 print(data.tail())
032 print(tensors.shape)
033 print(targets.shape)
034
035 ###
036
037 import cv2
038 import matplotlib.pyplot as plt
039
040 # Name list
041 names = ['forward', 'right', 'left', 'forward']
042
043 def display_images(img_path, ax):
044        img = cv2.imread(os.path.join(dirname, img_path))
045        ax.imshow(cv2.cvtColor(img, cv2.COLOR_BGR2RGB))
046
047 fig = plt.figure(figsize=(10, 3))
048 for i in range(4):
049        ax = fig.add_subplot(1, 4, i + 1, xticks=[], yticks=[])
050        ax.set_title(names[targets[i+4]], color='blue')
051        display_images(files[i+4], ax)
052 plt.show()
053
054 ###
055
056 from tensorflow.keras.utils import to_categorical
057 from sklearn.model_selection import train_test_split
058
059 tensors = tensors.reshape(-1,120,160,3)
060 print(tensors.shape)
061
062 tensors = tensors.astype('float32')/255
063 targets = to_categorical(targets, 4)
064
065 x_train, x_test, y_train, y_test = train_test_split(
066                 tensors,
067                 targets,
```

```
068                test_size = 0.2,
069                random_state = 1)
070
071 n = int(len(x_test)/2)
072 x_valid, y_valid = x_test[:n], y_test[:n]
073 x_test, y_test = x_test[n:], y_test[n:]
074
075 print(x_train.shape, y_train.shape)
076 print(x_test.shape, y_test.shape)
077 print(x_valid.shape, y_valid.shape)
078
079 ###
080
081 import tensorflow as tf
082
083 model = tf.keras.Sequential([ #donkey car CNN
084     tf.keras.layers.Conv2D(24, (5, 5), strides=(2, 2), padding="same",
085             activation='relu', input_shape=x_train.shape[1:]),
086     tf.keras.layers.Dropout(0.2),
087     tf.keras.layers.Conv2D(32, (5, 5), strides=(2, 2), padding="same",
088             activation='relu'),
089     tf.keras.layers.Dropout(0.2),
090     tf.keras.layers.Conv2D(64, (5, 5), strides=(2, 2), padding="same",
091             activation='relu'),
092     tf.keras.layers.Dropout(0.2),
093     tf.keras.layers.Conv2D(64, (3, 3), padding="same", activation='relu'),
094     tf.keras.layers.Dropout(0.2),
095     tf.keras.layers.Conv2D(64, (3, 3), activation='relu'),
096     tf.keras.layers.Dropout(0.2),
097     tf.keras.layers.Flatten(),
098     tf.keras.layers.Dense(100,activation='relu'),
099     tf.keras.layers.Dropout(0.2),
100     tf.keras.layers.Dense(50,activation='relu'),
101     tf.keras.layers.Dropout(0.2),
102     tf.keras.layers.Dense(4,activation='softmax')
103 ])
104
105 model.compile(loss='categorical_crossentropy',
106             optimizer='adam', metrics=['accuracy'])
107
108 history = model.fit(x_train, y_train, epochs=40,
109             validation_data=(x_valid, y_valid))
110
111 loss = history.history['loss']
112
113 epochs = range(1, len(loss) + 1)
114
115 plt.plot(epochs, loss, 'g', label='Training loss')
116 plt.title('Training loss')
117 plt.xlabel('Epochs')
```

```
118 plt.ylabel('Loss')
119 plt.legend()
120 plt.show()
121
122 model.save("model.h5")
```

081 : tensorflow 모듈을 tf라는 이름으로 불러옵니다.

083~103 : 인공 지능 자동차에 사용할 CNN 인공 신경망을 구성하여 model 변수로 받습니다. 여기서 사용하는 인공 신경망
은 동키카에서 사용하는 인공 신경망을 그대로 사용하였으며, 다음과 같은 구조로 표현되는 신경망입니다.

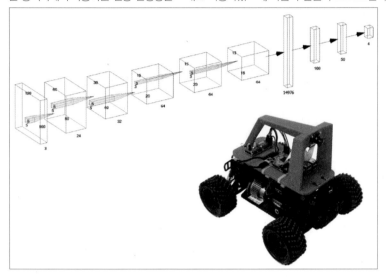

105~106 : compile 함수를 호출하여 model에서 사용할 손실 함수와 최적화 함수를 설정합니다. 손실 함수는
categorical_crossentropy 함수를 사용하며 활성화 함수는 adam 함수를 사용합니다. mectrics 인자는 인공 신
경망 학습 도중에 사용할 평가 기준을 지정하기 위해 사용하며, 여기서는 'accuracy'를 평가 기준으로 지정하
여 학습 도중에 입력 데이터에 대한 라벨 데이터로의 예측 정확도를 계산하도록 합니다.

108 : fit 함수를 호출하여 model에 대해 학습을 수행합니다. 학습에 사용할 데이터는 입력 데이터로 x_train을 라벨
데이터로 y_train을 사용합니다. 총 학습 회수는 40회를 수행하며, 학습을 1회 수행할 때마다 검증 데이터인
x_valid, y_valid를 이용하여 학습 상태를 검증합니다. 학습이 끝난 결과는 history 변수로 받습니다. keras의
model.fit 함수는 History callback 객체를 내어줍니다. 이 객체는 정확도, 손실 등의 metrics(측정 항목들)를 매
회기마다 메모리에 저장합니다.

111~120 : 1부터 40 회기에 대해 매 회기마다 발생한 손실을 다음과 같은 그래프로 그려줍니다.

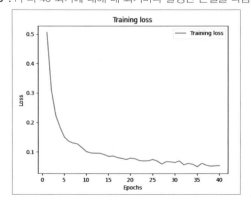

111	: History 객체의 손실 항목을 loss 변수로 받습니다.
113	: range 함수를 호출하여 1부터 40까지의 연속된 정수를 만들어 epochs 변수로 받습니다.
115	: plt.plot 함수를 호출하여 epochs를 x 축의 값으로, loss를 y 축의 값으로 하여 초록색 선으로 그려주고 초록색 선에 대해 'Training loss' 라벨을 붙여줍니다.
116	: plt.title 함수를 호출하여 제목을 붙여줍니다.
117	: plt.xlabel 함수를 호출하여 x 축에 이름을 붙여줍니다.
118	: plt.ylabel 함수를 호출하여 y 축에 이름을 붙여줍니다.
119	: plt.legend 함수를 호출하여 라벨이 표시되도록 합니다.
120	: plt.show 함수를 호출하여 화면에 나타나도록 합니다.
122	: model.save 함수를 호출하여 학습된 CNN 인공 신경망 모델을 model.h5라는 이름으로 저장합니다. 다음과 같이 저장됩니다.

📄 model.h5	2021-12-22 오후 8:55	H5 파일	19,408KB

여기서 저장한 model.h5 파일은 뒤에 오는 예제에서 자율주행에 사용하게 됩니다.

2 다음과 같이 예제를 실행합니다.

```
>python 04_cnn_training_4.py
```

다음은 실행 결과 화면입니다.

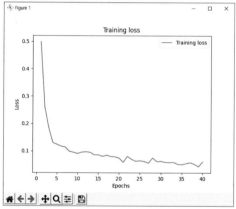

필자의 경우 최종 학습 정확도는 **①** 95.03%, 검증 정확도는 **②** 92.25%가 나왔습니다.

※ 필자의 경우 학습시간은 5분 정도 걸렸습니다. 컴퓨터 사양에 따라 더 빠르거나 오래 걸릴수도 있습니다.

❸ model.h5 파일을 확인합니다.

📄 **model.h5**	2022-01-23 오후 4:12	H5 파일	19,408KB

크기는 19.4MB입니다. 이 파일은 학습된 인공지능 파일로 다음 단계에서 사용하게 됩니다.

07_5 시험 데이터로 확인해 보기

마지막으로 시험 데이터를 이용하여 학습 결과를 확인해 봅니다.

❶ 다음과 같이 예제를 수정합니다.

04_cnn_training_pc.py

```
001 from tensorflow.keras.preprocessing import image as keras_image
002 import os
003 import numpy as np
004 from tqdm import tqdm
005 from PIL import ImageFile
006 import pandas as pd
007
008 dirname = "data.1642935772.124137/"
009
010 def image_to_tensor(img_path):
011     img = keras_image.load_img(
012             os.path.join(dirname, img_path),
013             target_size=(120,160))
014     x = keras_image.img_to_array(img)
015     return np.expand_dims(x, axis=0)
016
017 def data_to_tensor(img_paths):
018     list_of_tensors = [
019             image_to_tensor(img_path) for img_path in tqdm(img_paths)]
020     return np.vstack(list_of_tensors)
021
022 ImageFile.LOAD_TRUNCATED_IMAGES = True
023 # Load the data
024 data = pd.read_csv(os.path.join(dirname, "0_road_labels.csv"))
025
026 files = data['file']
027 targets = data['label'].values
028
029 tensors = data_to_tensor(files)
030
031 print(data.tail())
032 print(tensors.shape)
033 print(targets.shape)
```

```
034
035 ###
036
037 import cv2
038 import matplotlib.pyplot as plt
039
040 # Name list
041 names = [ 'forward', 'right', 'left', 'forward' ]
042
043 def display_images(img_path, ax):
044     img = cv2.imread(os.path.join(dirname, img_path))
045     ax.imshow(cv2.cvtColor(img, cv2.COLOR_BGR2RGB))
046
047 fig = plt.figure(figsize=(10, 3))
048 for i in range(4):
049     ax = fig.add_subplot(1, 4, i + 1, xticks=[], yticks=[])
050     ax.set_title(names[targets[i+4]], color='blue')
051     display_images(files[i+4], ax)
052 plt.show()
053
054 ###
055
056 from tensorflow.keras.utils import to_categorical
057 from sklearn.model_selection import train_test_split
058
059 tensors = tensors.reshape(-1,120,160,3)
060 print(tensors.shape)
061
062 tensors = tensors.astype('float32')/255
063 targets = to_categorical(targets, 4)
064
065 x_train, x_test, y_train, y_test = train_test_split(
066             tensors,
067             targets,
068             test_size = 0.2,
069             random_state = 1)
070
071 n = int(len(x_test)/2)
072 x_valid, y_valid = x_test[:n], y_test[:n]
073 x_test, y_test = x_test[n:], y_test[n:]
074
075 print(x_train.shape, y_train.shape)
076 print(x_test.shape, y_test.shape)
077 print(x_valid.shape, y_valid.shape)
078
079 ###
080
081 import tensorflow as tf
082
083 model = tf.keras.Sequential([ #donkey car CNN
```

```
084        tf.keras.layers.Conv2D(24, (5, 5), strides=(2, 2), padding="same",
085            activation='relu', input_shape=x_train.shape[1:]),
086        tf.keras.layers.Dropout(0.2),
087        tf.keras.layers.Conv2D(32, (5, 5), strides=(2, 2), padding="same",
088            activation='relu'),
089        tf.keras.layers.Dropout(0.2),
090        tf.keras.layers.Conv2D(64, (5, 5), strides=(2, 2), padding="same",
091            activation='relu'),
092        tf.keras.layers.Dropout(0.2),
093        tf.keras.layers.Conv2D(64, (3, 3), padding="same", activation='relu'),
094        tf.keras.layers.Dropout(0.2),
095        tf.keras.layers.Conv2D(64, (3, 3), activation='relu'),
096        tf.keras.layers.Dropout(0.2),
097        tf.keras.layers.Flatten(),
098        tf.keras.layers.Dense(100,activation='relu'),
099        tf.keras.layers.Dropout(0.2),
100        tf.keras.layers.Dense(50,activation='relu'),
101        tf.keras.layers.Dropout(0.2),
102        tf.keras.layers.Dense(4,activation='softmax')
103 ])
104
105 model.compile(loss='categorical_crossentropy',
106            optimizer='adam', metrics=['accuracy'])
107
108 history = model.fit(x_train, y_train, epochs=40,
109            validation_data=(x_valid, y_valid))
110
111 loss = history.history['loss']
112
113 epochs = range(1, len(loss) + 1)
114
115 plt.plot(epochs, loss, 'g', label='Training loss')
116 plt.title('Training loss')
117 plt.xlabel('Epochs')
118 plt.ylabel('Loss')
119 plt.legend()
120 plt.show()
121
122 model.save("model.h5")
123
124 ###
125
126 from tensorflow.keras.models import load_model
127
128 model1 = load_model('model.h5')
129
130 # Model predictions for the testing dataset
131 y_test_predict = model1.predict(x_test)
132 print(y_test_predict.shape, y_test_predict[0])
133 y_test_predict = np.argmax(y_test_predict,axis=1)
```

```
134 print(y_test_predict.shape, y_test_predict[0])
135
136 # Display true labels and predictions
137 fig = plt.figure(figsize=(18, 18))
138 for i, idx in enumerate(np.random.choice(x_test.shape[0], size=16,
139                                              replace=False)):
140     ax = fig.add_subplot(4, 4, i + 1, xticks=[], yticks=[])
141     ax.imshow(np.squeeze(x_test[idx]))
142     pred_idx = y_test_predict[idx]
143     true_idx = np.argmax(y_test[idx])
144     ax.set_title("{} ({})".format(names[pred_idx], names[true_idx]),
145             color=("#4876ff" if pred_idx == true_idx else "darkred"))
146 plt.show()
```

126~146 : 저장한 모델 파일을 읽어와 예측을 수행해 봅니다.

126 : tensorflow.keras.models 모듈로부터 load_model 함수를 불러옵니다. load_model 함수는 128 줄에서 사용합니다.

128 : load_model 함수를 호출하여 122줄에서 저장한 model.h5 파일을 읽어와 model1에 할당합니다.

131 : model1.predict 함수를 호출하여 x_test 파일에 대한 예측을 수행한 후, 결과를 y_test_predict 변수에 할당합니다.

132 : y_test_predict의 모양과 y_test_predict[0]의 값을 출력합니다. 다음은 출력 결과입니다.

```
(400, 4) [3.9911393e-20 3.3623496e-06 6.7991643e-08 9.9999654e-01]
```

y_test_predict[0]의 4번째 항목의 값이 가장 큽니다. 배열 부분의 경우 독자 여러분의 결과는 다를 수 있습니다.

133 : np.argmax 함수를 호출하여 y_test_predict 배열의 1번 축에 대한 최대 항목의 색인값을 구해서 y_test_predict 변수에 재할당합니다.

134 : y_test_predict의 모양과 y_test_predict[0]의 값을 출력합니다.

137~146 : 테스트 용 데이터 중 임의로 16개의 데이터를 뽑아 예측 결과와 실제 라벨를 비교하여 그립니다. 다음은 이 부분에 대한 수행 결과입니다.

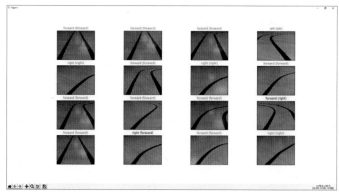

137 : plt.figure 함수를 호출하여 Figure 객체를 만들어 fig 변수에 할당합니다. 한 화면에 여러 개의 그래프를 그리려면 figure 함수를 통해 Figure 객체를 먼저 만든 후 add_subplot 함수를 통해 그리려는 그래프 개수만큼 AxesSubplot 객체를 만들면 됩니다. figsize는 그림의 인치 단위의 크기를 나타냅니다. 여기서는 가로 18인치, 세로 18인치의 그림을 그린다는 의미입니다.

138~139 : np.random.choice 함수를 호출하여 x_test 데이터에서 16개의 데이터를 중복되지 않게 차례로 임의추출하면서 140~145줄을 수행합니다.

140 : add_subplot 함수를 호출하여 fig 객체에 subplot을 추가합니다. subplot의 개수는 add_subplot 함수의 첫 번째, 두 번째 인자를 통해 조정할 수 있습니다. 첫 번째 인자는 세로 행의 개수, 두 번째 인자는 가로 열의 개수를 의미합니다. 이 예제에서는 4행 4열로 subplot이 Figure 객체 상에 배치됩니다. add_subplot 함수의 세 번째 인자는 생성될 subplot이 놓일 순서를 의미합니다. xticks, yticks는 그래프의 X, Y축의 눈금을 설정하는 인자입니다. 여기서는 빈 리스트를 주어 눈금을 표시하지 않습니다.

141 : np.squeeze 함수를 호출하여 x_test[idx] 항목에 대해 길이 1인 차원을 제거한 후, imshow 함수를 호출하여 하여 ax가 가리키는 AxesSubplot 객체상에 표시합니다.

142 : idx에 해당하는 예측값의 색인을 pred_idx로 받습니다.

143 : idx에 해당하는 실제값의 색인을 true_idx로 받습니다.

144~145 : set_title 함수를 호출하여 ax subplot의 제목을 표시합니다. 예측값과 실제값이 같으면 파란색으로 그렇지 않으면 어두운 빨간색으로 제목을 표시합니다.

146 : plt.show 함수를 호출하여 fig 객체에 그려진 그래프를 화면에 표시합니다.

2 다음과 같이 예제를 실행합니다.

```
>python 04_cnn_training_pc.py
```

다음은 실행 결과 화면입니다.

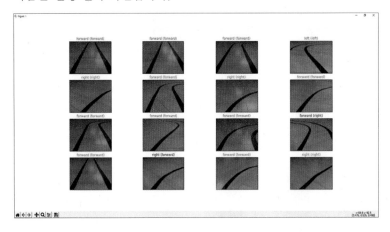

시험 데이터 중 16개를 임의로 뽑아 예측값과 실제값을 출력한 그림입니다. 각 그림에 대해 예측값 (실제값)으로 결과를 보여주고 있습니다.

08_ CNN 인공지능 자율주행하기 1

이제 이전 단원에서 학습한 인공 신경망을 이용하여 자율주행을 수행해 봅니다.

1 다음과 같이 예제를 수정합니다.

05_ai_driving_pc.py

```
01 import socket
02 import struct
03 import numpy as np
04 import cv2
05 import pickle
06 import time
07 from tensorflow.keras.models import load_model
08 import tensorflow as tf
09
10 HOST_RPI = '192.168.137.246'
11 PORT = 8089
12
13 client_cam = socket.socket(socket.AF_INET, socket.SOCK_STREAM)
14 client_mot = socket.socket(socket.AF_INET, socket.SOCK_STREAM)
15
16 client_cam.connect((HOST_RPI, PORT))
17 client_mot.connect((HOST_RPI, PORT))
18
19 t_now = time.time()
20 t_prev = time.time()
21 cnt_frame = 0
22
23 model = load_model('model.h5')
24
25 names = ['forward', 'right', 'left', 'forward']
26
27 try:
28
29     while True:
30
31             # 센서 읽어, 영상 보내
32             cmd = 12
33             cmd_byte = struct.pack('!B', cmd)
```

```
35
36          # 센서값 받기
37          rl_byte = client_cam.recv(1)
38          # rl = struct.unpack('!B', rl_byte)
39
40          # right, left = (rl[0] & 2)>>1, rl[0] & 1
41          # print(right, left)
42
43          # 영상 받기
44          data_len_bytes = client_cam.recv(4)
45          data_len = struct.unpack('!L', data_len_bytes)
46
47          frame_data = client_cam.recv(data_len[0], socket.MSG_WAITALL)
48
49          # Extract frame
50          frame = pickle.loads(frame_data)
51
52          # 영상 출력
53          np_data = np.frombuffer(frame, dtype='uint8')
54          frame = cv2.imdecode(np_data,1)
55          frame = cv2.rotate(frame, cv2.ROTATE_180)
56          frame2 = cv2.resize(frame, (320, 240))
57          cv2.imshow('frame', frame2)
58
59          image = frame
60          image = image/255
61
62          image_tensor = tf.convert_to_tensor(image, dtype=tf.float32)
63          # print(image_tensor.shape)
64
65          # Add dimension to match with input mode
66          image_tensor = tf.expand_dims(image_tensor, 0)
67          # print(image_tensor.shape)
68
69          y_predict = model.predict(image_tensor)
70          y_predict = np.argmax(y_predict,axis=1)
71          print(names[y_predict[0]], y_predict[0])
72
73          # send y_predict
74          cmd = y_predict[0].item()
75          cmd = struct.pack('!B', cmd)
76          client_mot.sendall(cmd)
77
78          key = cv2.waitKey(1)
79          if key == 27:
80                  break
```

```
81
82                     cnt_frame += 1
83                     t_now = time.time()
84                     if t_now - t_prev >= 1.0 :
85                             t_prev = t_now
86                             print("frame count : %f " %cnt_frame)
87                             cnt_frame = 0
88
89 except:
90         pass
91
92 client_cam.close()
93 client_mot.close()
```

07 : tensorflow.keras.models 모듈로부터 load_model 함수를 불러옵니다. load_model 함수는 23줄에서 사용합니다.

08 : tensorflow 모듈을 tf라는 이름으로 불러옵니다. tf 모듈은 61, 65줄에서 사용합니다.

23 : load_model 함수를 호출하여 앞에서 CNN 인공 신경망 학습을 통해 생성한 model.h5 파일을 읽어와 model에 할당합니다.

25 : names 변수를 생성한 후 자동차 운전 동작을 의미하는 문자열 리스트로 초기화합니다.

29 : 계속해서 31~87줄을 수행합니다.

37 : 센서값을 받는 부분은 그대로 둡니다.

38, 40 : 센서값을 처리하는 부분은 사용하지 않습니다.

59 : frame이 가리키는 이미지를 image 변수로 받습니다.

60 : image가 가리키는 이미지의 픽셀값을 255로 나누어 0과 1사이의 실수값으로 바꿉니다.

62 : tf.convert_to_tensor 함수를 호출하여 image 데이터를 텐서로 변경하여 image_tensor로 받습니다. 여기서 image_tensor의 모양은 다음과 같습니다. 이미지에 대한 텐서의 모양입니다.

```
(120, 160, 3)
```

66 : tf.expand_dims 함수를 호출하여 image_tensor의 차원을 하나 늘려 image_tensor 변수에 재할당합니다. 여기서 재할당된 image_tensor의 모양은 다음과 같습니다.

```
(1, 120, 160, 3)
```

재구성된 텐서는 69줄에서 예측을 위해 사용됩니다.

69 : model.predict 함수를 호출하여 image_tensor에 대한 예측을 수행하고 결과를 y_predict 변수로 받습니다.

70 : np.argmax 함수를 호출하여 y_predict의 최대 항목에 대한 색인값을 받아 y_predict 변수에 재할당합니다.

71 : 색인값에 해당하는 자동차의 동작을 출력합니다.

74 : y_predict의 항목 값을 cmd 변수로 받습니다.

75 : struct.pack 함수를 호출하여 cmd 변수값을 unsigned char의 바이트열 객체로 변경하여 cmd 변수에 재할당합니다.

76 : sendall 함수를 호출하여 cmd값을 client_mot로 보냅니다.

2 라인트레이서 센서를 제거하고 RC카를 도로위에 놓습니다.

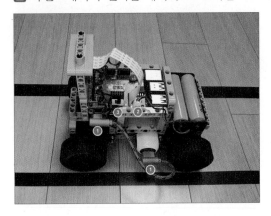

❶ 라즈베리파이에 전원이 연결된 것을 확인하고, ❷ 라즈베리파이 RC카 쉴드에 전원이 연결된 것을 확인하고, ❸ 모터 전원 스위치를 겹니다.

3 다음과 같이 모바일 핫스팟에 라즈베리파이가 접속된 것을 확인합니다.

연결된 장치:	1/8	
장치 이름	IP 주소	물리적 주소(MAC)
raspberrypi	192.168.137.246	dc:a6:32:3b:d3:70

4 다음과 같이 예제를 실행합니다.

```
>python 05_ai_driving_pc.py
```

다음은 실행 결과 화면입니다.

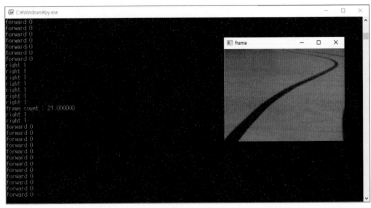

자동차가 영상을 보고 자율 주행하는 것을 확인합니다.

이 예제의 경우 RC카가 도로를 벗어나는 경우가 많습니다. 인공 신경망을 통한 예측 시간이 길어서 발생하는 문제입니다. 이 문제는 다음 예제에서 쓰레드를 이용하여 해결해 봅니다.

09_ CNN 인공지능 자율주행하기 2

여기서는 cnn 쓰레드 2개를 추가하고 각각의 쓰레드에 메시지 큐 1개씩을 할당합니다. cnn 쓰레드는 할당된 메시지 큐에서 영상 이미지를 꺼내 CNN 신경망을 통한 예측을 수행하고 그 결과를 라즈베리파이의 모터 제어 쓰레드로 전달합니다. PC 클라이언트의 주 루틴에서는 카메라 서버로부터 받은 영상 이미지를 2개의 메시지 큐에 번갈아가며 붙여넣고 계속해서 다음 영상을 받습니다. cnn 쓰레드를 2개 추가한 이유는 cnn 쓰레드의 CNN 예측 시간이 주 루틴에서 영상 이미지를 가져오는 시간보다 더 오래 걸리기 때문입니다. 2개의 쓰레드를 이용하면 영상 이미지에 대한 CNN 예측을 이상적으로 2배 빠르게 할 수 있습니다. 결과적으로 전제척인 처리속도가 이전 예제에 비해 2배 가까이 빨라지게 되어 더 정확한 주행을 하게 됩니다.

1 다음과 같이 예제를 수정합니다.

06_ai_driving_thread_pc.py

```
001 import socket
002 import struct
003 import numpy as np
004 import cv2
005 import pickle
006 import time
007 from tensorflow.keras.models import load_model
008 import tensorflow as tf
009 import threading
010 import queue
011
012 HOST_RPI = '192.168.137.246'
013 PORT = 8089
014
015 client_cam = socket.socket(socket.AF_INET, socket.SOCK_STREAM)
016 client_mot = socket.socket(socket.AF_INET, socket.SOCK_STREAM)
017
018 client_cam.connect((HOST_RPI, PORT))
019 client_mot.connect((HOST_RPI, PORT))
020
021 t_now = time.time()
022 t_prev = time.time()
023 cnt_frame = 0
024
025 model = load_model('model.h5')
026
```

```
027 names = ['forward', 'right', 'left', 'forward']
028
029 NUM_MESSAGES = 10
030 mq = [queue.Queue(NUM_MESSAGES), queue.Queue(NUM_MESSAGES)]
031
032 flag_exit = False
033 def cnn_main(args) :
034
035     print(args)
036
037     while True:
038
039             frame = mq[args].get()
040
041             image = frame
042             image = image/255
043
044             image_tensor = tf.convert_to_tensor(image, dtype=tf.float32)
045             # print(image_tensor.shape)
046
047             # Add dimension to match with input mode
048             image_tensor = tf.expand_dims(image_tensor, 0)
049             # print(image_tensor.shape)
050
051             y_predict = model.predict(image_tensor)
052             y_predict = np.argmax(y_predict,axis=1)
053             # print(names[y_predict[0]], y_predict[0])
054
055             # send y_predict
056             cmd = y_predict[0].item()
057             cmd = struct.pack('B', cmd)
058             client_mot.sendall(cmd)
059
060             if flag_exit: break
061
062 cnnThread_0 = threading.Thread(target=cnn_main, args=(0,))
063 cnnThread_0.start()
064 cnnThread_1 = threading.Thread(target=cnn_main, args=(1,))
065 cnnThread_1.start()
066
067 fn = 0
068
069 try:
070
071     while True:
072
073             # 센서 읽어, 영상 보내
074             cmd = 12
075             cmd_byte = struct.pack('!B', cmd)
076             client_cam.sendall(cmd_byte)
```

```
077
078                    # 센서값 받기
079                    rl_byte = client_cam.recv(1)
080                    # rl = struct.unpack(' !B ', rl_byte)
081
082                    # right, left = (rl[0] & 2)>>1, rl[0] & 1
083                    # print(right, left)
084
085                    # 영상 받기
086                    data_len_bytes = client_cam.recv(4)
087                    data_len = struct.unpack(' !L ', data_len_bytes)
088
089                    frame_data = client_cam.recv(data_len[0], socket.MSG_WAITALL)
090
091                    # Extract frame
092                    frame = pickle.loads(frame_data)
093
094                    # 영상 출력
095                    np_data = np.frombuffer(frame, dtype=' uint8 ')
096                    frame = cv2.imdecode(np_data,1)
097                    frame = cv2.rotate(frame, cv2.ROTATE_180)
098                    frame2 = cv2.resize(frame, (320, 240))
099                    cv2.imshow(' frame ', frame2)
100
101                    mq[fn%2].put(frame)
102                    fn += 1
103
104                    key = cv2.waitKey(1)
105                    if key == 27:
106                            break
107
108                    cnt_frame += 1
109                    t_now = time.time()
110                    if t_now - t_prev >= 1.0 :
111                            t_prev = t_now
112                            print(" frame count : %f " %cnt_frame)
113                            cnt_frame = 0
114
115 except:
116        pass
117
118 flag_exit = True
119 cnnThread_0.join()
120 cnnThread_1.join()
121
122 client_cam.close()
123 client_mot.close()
```

09 : threading 모듈을 불러옵니다. threading 모듈은 62~65, 118~119줄에서 사용합니다.

10 : queue 모듈을 불러옵니다. queue 모듈은 30, 39, 101 줄에서 사용되며, 메시지 큐를 사용하기 위해 필요합니다.

24 : get 함수를 호출하여 mq[args] 메시지 큐에 있는 메시지를 frame 변수로 읽어냅니다. 읽을 메시지가 없을 경우 쓰레드는 메시지를 기다리게 됩니다.

29 : HOW_MANY_MESSAGES 변수를 선언한 후, 10으로 설정합니다. HOW_MANY_MESSAGES는 메시지 큐에 저장할 수 있는 최대 메시지의 개수를 나타냅니다.

30 : queue.Queue 객체를 2개 생성하여 메시지 큐 2개를 생성한 후, 리스트로 묶어 mq 변수에 할당합니다. 객체 생성 시 최대 메시지의 개수를 인자로 줍니다.

32 : flag_exit 변수를 선언하여 False 값으로 초기화합니다. flag_exit 변수가 True값을 가질 경우 60줄에서 쓰레드가 종료되도록 합니다. flag_exit 변수를 True로 설정하는 부분은 117줄입니다.

33~60 : 쓰레드가 수행할 cnn_main 함수를 정의합니다.

35 : 인자값을 출력합니다.

37 : 계속 반복해서 39~60줄을 수행합니다.

60 : flag_exit 값이 True이면 37줄의 while 문을 빠져 나온 후, 종료합니다.

62 : threading.Thread 객체를 생성하여 cnn_main 함수를 수행할 cnnThread_0 쓰레드를 하나 생성합니다. 인자로 0값을 줍니다. 여기서 0은 cnnThread_0 쓰레드가 사용할 메시지 큐의 색인 번호입니다.

63 : cnnThread_0 객체에 대해 start 함수를 호출하여 쓰레드를 수행 가능한 상태로 변경합니다. 이제 쓰레드는 임의의 순간에 수행될 수 있습니다.

64~65 : 같은 방식으로 cnnThread_1 쓰레드를 하나 더 생성합니다.

69~115 : try~except 문을 수행하여 예외처리를 합니다. 71~113줄을 수행하는 동안 예외가 발생하면 116줄의 pass문을 수행한 후 118~120줄을 수행하여 2개의 쓰레드를 종료하기 위해 필요합니다. 118~120줄을 수행하지 않으면 쓰레드가 종료되지 않습니다.

101 : put 함수를 호출하여 mq[fn%2] 메시지 큐에 frame을 넣습니다.

102 : fn 값을 1 증가시킵니다.

118 : 키보드 인터럽트와 같은 예외가 발생하면 flag_exit를 True로 설정하여 쓰레드가 종료되도록 합니다.

119~120 : join 함수를 호출하여 cnnThread_0, cnnThread_1 쓰레드가 종료되기를 기다립니다. 쓰레드가 종료되면 주 루틴도 종료됩니다.

② 라인트레이서 센서를 제거하고 RC카를 도로위에 놓습니다.

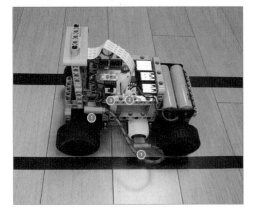

❶ 라즈베리파이에 전원이 연결된 것을 확인하고, ❷ 라즈베리파이 RC카 쉴드에 전원이 연결된 것을 확인하고, ❸ 모터 전원 스위치를 켭니다.

❸ 다음과 같이 모바일 핫스팟에 라즈베리파이가 접속된 것을 확인합니다.

연결된 장치:	1/8	
장치 이름	IP 주소	물리적 주소(MAC)
raspberrypi	192.168.137.246	dc:a6:32:3b:d3:70

❹ 다음과 같이 예제를 실행합니다.

```
>python 06_ai_driving_thread_pc.py
```

다음은 실행 결과 화면입니다.

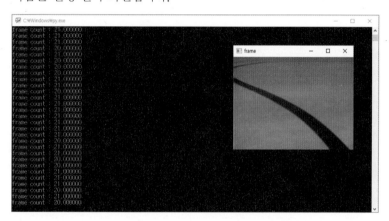

인공지능 자율주행 RC카가 영상을 보고 자율 주행하는 것을 확인합니다.

다음은 필자가 녹화한 동영상 사진입니다.

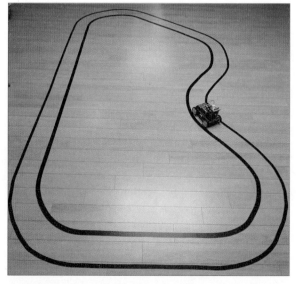

해당 동영상은 소스와 함께 제공됩니다. [06_ai_driving_thread_pc.mp4] 동영상을 참고합니다.

조이스틱으로 RC카 조종하기

부록에서는 파이썬 조이스틱 프로그램을 구현하고 조이스틱 프로그램을 이용하여 RC카를 조종하고 데이터를 수집하는 방법을 소개합니다.

01_ 파이썬 조이스틱 코딩하기

여기서는 다음과 같은 모양의 RC카 조종을 위한 파이썬 조이스틱을 코딩해 봅니다.

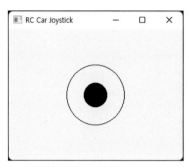

파이썬 조이스틱은 GUI 프로그램으로 PyQt5 패키지를 이용하여 구성합니다. PyQt5는 Qt5 앱 프레임 워크에 대한 파이썬 버전입니다. PyQt5 GUI 프로그램은 키보드, 마우스, 타이머 등의 이벤트에 따라 윈도우의 모양을 갱신해서 그리는 형태로 동작하며 GUI 프로그램 경험이 없는 독자에게는 다소 어려울 수 있습니다. 여기서는 PyQt5를 활용하는 범위에서 관련된 소스를 이해해 보도록 합니다.

01_1 조이스틱 모듈 살펴보기

제공되는 소스에서 조이스틱 모듈을 살펴봅니다. 조이스틱 모듈은 따로 작성하지 않고 제공되는 소 스를 사용합니다. 내용이 다소 어려울 수 있으므로 내용 설명을 보지 않고 활용만 해도 좋습니다.

myjoystick.py

```
01 from PyQt5.QtWidgets import QWidget
02 from PyQt5.QtGui import QPainter
03 from PyQt5.QtCore import QPointF, QTimer, QRectF, Qt, QLineF
04 import math
05
06 class MyJoystick(QWidget):
07     def __init__(self, cbJoyPos=None, parent=None): # 조이스틱 초기화 함수
08         super(MyJoystick, self).__init__(parent)
09         self.setMinimumSize(200, 200)
10         self.movingOffset = QPointF(0, 0)
11         self.grabCenter = False
12         self.__maxDistance = 50
13
```

```
14              self.timer = QTimer(self)
15              self.timer.setInterval(10)
16              self.timer.timeout.connect(self.timeout)
17              self.timer.start()
18
19              self.cbJoyPos = cbJoyPos
20
21      def paintEvent(self, event): # 조이스틱을 그리는 함수
22              painter = QPainter(self)
23              bounds = QRectF(
24              -self.__maxDistance,
25              -self.__maxDistance,
26              self.__maxDistance * 2,
27              self.__maxDistance * 2
28              ).translated(self._center())
29              painter.drawEllipse(bounds)
30              painter.setBrush(Qt.black)
31              painter.drawEllipse(self._centerEllipse())
32
33      def _centerEllipse(self): # 조이스틱 손잡이 영역
34              if self.grabCenter:
35                      return QRectF(-20, -20, 40, 40).\
36                      translated(self.movingOffset)
37              return QRectF(-20, -20, 40, 40).translated(self._center())
38
39      def _center(self): # 조이스틱 중심
40              return QPointF(self.width()/2, self.height()/2)
41
42      def _boundJoystick(self, point): # 조이스틱 손잡이 움직임 경계 제한
43              limitLine = QLineF(self._center(), point)
44              if (limitLine.length() > self.__maxDistance):
45                      limitLine.setLength(self.__maxDistance)
46              return limitLine.p2()
47
48      def joystickPosition(self): # 조이스틱 손잡이 현재 위치
49              if not self.grabCenter:
50                      return (0, 0)
51              normVector = QLineF(self._center(), self.movingOffset)
52              currentDistance = normVector.length()
53              angle = normVector.angle()
54
55              distance = min(currentDistance / self.__maxDistance, 1.0)
56
57              posX = math.cos(angle*math.pi/180)*distance
58              posY = math.sin(angle*math.pi/180)*distance
59
```

```
60              return (posX, posY)
61
62      def mousePressEvent(self, ev): # 조이스틱 손잡이 잡는 함수
63              self.grabCenter = self._centerEllipse().contains(ev.pos())
64              return super().mousePressEvent(ev)
65
66      def mouseReleaseEvent(self, event): # 조이스틱 손잡이 놓는 함수
67              self.grabCenter = False
68              self.movingOffset = QPointF(0, 0)
69              self.update()
70
71      def mouseMoveEvent(self, event): # 조이스틱 손잡이 움직이는 함수
72              if self.grabCenter:
73                      self.movingOffset = self._boundJoystick(event.pos())
74                      self.update()
75              if self.cbJoyPos != None :
76                      self.cbJoyPos(self.joystickPosition())
77
78      def timeout(self): # 주기적으로 조이스틱 손잡이 위치를 알려주는 함수
79              sender = self.sender()
80              if id(sender) == id(self.timer):
81                      if self.cbJoyPos != None :
82                              self.cbJoyPos(self.joystickPosition())
```

다음 그림을 보며 소스를 간략하게 이해해 봅니다.

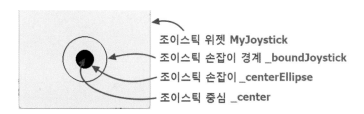

조이스틱 위젯 **MyJoystick**
조이스틱 손잡이 경계 **_boundJoystick**
조이스틱 손잡이 **_centerEllipse**
조이스틱 중심 **_center**

01 : PyQt5.QtWidgets 모듈로부터 하위 모듈들을 불러옵니다. 6줄에서 QWidget을 상속하기 위해 필요합니다. QWidget은 Qt 최상위 위젯 클래스입니다. 위젯은 윈도우 또는 컨트롤과 같습니다.

02 : PyQt5.QtGui 모듈로부터 하위 모듈들을 불러옵니다. 22줄에서 QPainter 객체를 생성하기 위해 필요합니다.

03 : PyQt5.QtCore 모듈로부터 하위 모듈들을 불러옵니다. 10줄에서 QPointF 객체, 14줄에서 QTimer 객체, 23줄에서 QRectF 객체, 51줄에서 QLineF 객체를 생성하고, 30줄에서 Qt.black 값을 사용하기 위해 필요합니다.

04 : math 모듈을 불러옵니다. 57~58 줄에서 조이스틱의 X, Y 위치값을 계산하기 위해 필요합니다.

06~82 : MyJoystick 클래스를 정의합니다. MyJoystick 클래스는 QWidget 클래스를 상속한 사용자 정의 위젯입니다. 위젯은 윈도우 또는 컨트롤과 같습니다.

07~19 : 생성자 함수 __init__를 정의합니다.

09 : 조이스틱의 최소 크기를 설정합니다. 픽셀 단위입니다.

10 : 조이스틱 손잡이의 위치를 설정합니다.

11 : 조이스틱 손잡이를 마우스로 잡았는지 여부를 설정합니다. 처음엔 잡고 있지 않습니다.

12 : 조이스틱 손잡이가 움직일 수 있는 경계를 설정합니다.

14~17 : 타이머 객체를 생성하여 10밀리 초 간격으로 타이머가 울리도록 합니다. 타이머가 울리면 self.timeout 함수가 수행됩니다.

19 : 조이스틱 손잡이의 위치를 받는 사용자 정의 콜백함수를 받습니다.

21~31 : 조이스틱을 그리는 함수입니다.

33~37 : 조이스틱 손잡이 영역을 알려주는 함수입니다.

39~40 : 조이스틱의 중심을 알려주는 함수입니다.

42~46 : 조이스틱 손잡이가 움직일 수 있는 경계를 제한하는 함수입니다.

48~60 : 조이스틱 손잡이의 현재 위치를 알려주는 함수입니다.

62~64 : 마우스로 조이스틱 손잡이를 잡는 함수입니다.

66~69 : 조이스틱 손잡이를 놓는 함수입니다.

71~76 : 조이스틱 손잡이를 움직이는 함수입니다.

78~82 : 주기적으로 조이스틱 손잡이 위치를 알려주는 함수입니다.

01_2 조이스틱 테스트하기

여기서는 조이스틱 테스트를 수행해 봅니다.

조이스틱 위치값 얻어오기

먼저 조이스틱 손잡이의 현재 위치값을 출력해 봅니다.

1 다음과 같이 예제를 작성합니다.

joystick_pos.py

```
01 from PyQt5.QtWidgets import *
02 import sys
03
04 from myjoystick import MyJoystick
05
06 def cbJoyPos(joystickPosition) :
07     print(joystickPosition)
08
09 # Create main application window
10 app = QApplication([])
11 app.setStyle(QStyleFactory.create("Cleanlooks"))
12 mw = QMainWindow()
13 mw.setWindowTitle('RC Car Joystick')
14 mw.setGeometry(100, 100, 300, 200)
15
16 # Create and set widget layout
17 # Main widget container
18 cw = QWidget()
19 ml = QGridLayout()
```

```
20 cw.setLayout(ml)
21 mw.setCentralWidget(cw)
22
23 # Create joystick
24 joystick = MyJoystick(cbJoyPos)
25 ml.addWidget(joystick,0,0)
26
27 mw.show()
28
29 # Start Qt event loop
30 sys.exit(app.exec_())
```

01 : PyQt5.QtWidgets 모듈로부터 하위 모듈들을 불러옵니다. QApplication, QStyleFactory, QMainWindow, QWidget, QGridLayout 클래스를 사용하기 위해 필요합니다.

02 : sys 모듈을 불러옵니다.

04 : myjoystick 모듈로부터 MyJoystick 클래스를 불러옵니다. myjoystick 모듈은 앞에서 살펴본 모듈입니다.

06~07 : cbJoyPos 콜백 함수를 정의합니다. cbJoyPos 콜백 함수는 조이스틱 위치값을 인자로 받아 출력합니다.

10~14 : 응용 프로그램 객체와 주 윈도우를 생성합니다.

18~21 : 주 윈도우에 놓일 위젯을 생성합니다.

24~25 : 조이스틱을 생성합니다.

27 : 윈도우를 화면에 표시합니다.

30 : 마우스, 키보드, 타이머 이벤트 등을 처리합니다.

2 파이썬 프로그램을 실행시킵니다. 다음은 실행 결과 화면입니다.

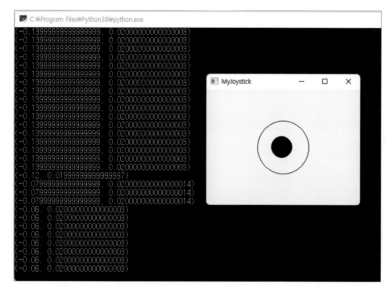

조이스틱 손잡이를 마우스로 움직여 보면서 좌표값이 바뀌는 것을 확인합니다. 좌표값은 X, Y축에 대하여 -1에서 1사이의 값이 출력됩니다.

RC카 방향값 얻어오기

다음은 조이스틱 손잡이의 방향값을 출력해 봅니다.

1 다음과 같이 예제를 작성합니다.

joystick_dir.py

```
01 from PyQt5.QtWidgets import *
02 import sys
03
04 from myjoystick import MyJoystick
05
06 def cbJoyPos(joystickPosition) :
07     posX, posY = joystickPosition
08
09     # 자동차 방향
10     right, left = -1, -1
11     if posY < -0.5:
12             right, left = 1, 1
13             print('brake')
14     elif posY > 0.15 :
15             if -0.15 <= posX <= 0.15 :
16                     right, left = 0, 0
17                     print('forward')
18             elif posX < -0.15 :
19                     right, left = 1, 0
20                     print('left')
21             elif posX > 0.15 :
22                     right, left = 0, 1
23                     print('right')
24     else : # -0.5 <= posY <= 0.15
25             print('stop driving')
26
27 # Create main application window
28 app = QApplication([])
29 app.setStyle(QStyleFactory.create("Cleanlooks"))
30 mw = QMainWindow()
31 mw.setWindowTitle('RC Car Joystick')
32 mw.setGeometry(100, 100, 300, 200)
33
34 # Create and set widget layout
35 # Main widget container
36 cw = QWidget()
37 ml = QGridLayout()
38 cw.setLayout(ml)
39 mw.setCentralWidget(cw)
```

```
40
41 # Create joystick
42 joystick = MyJoystick(cbJoyPos)
43 ml.addWidget(joystick,0,0)
44
45 mw.show()
46
47 # Start Qt event loop
48 sys.exit(app.exec_())
```

09~25 : 조이스틱 손잡이의 위치값에 따라 자동차의 방향값을 설정하고 출력합니다.

10 : right, left 변수를 선언한 후, 각각 −1, −1값으로 설정합니다. right, left 변수는 RC카의 주행 방향과 동작을 결정합니다.

11~13 : 조이스틱 손잡이의 Y 값이 −0.5보다 작으면 right, left 값을 1로 설정하고 brake 문자열을 출력합니다. 이 부분은 브레이크를 밟은 상태를 나타냅니다.

14 : 조이스틱 손잡이의 Y 값이 0.15보다 크면 15~23줄을 수행합니다.

15~17 : 조이스틱 손잡이의 X 값이 −0.15에서 0.15 사이이면 right, left 값을 0으로 설정하고 forward 문자열을 출력합니다. 이 부분은 전진 주행 상태를 나타냅니다.

18~20 : 조이스틱 손잡이의 X 값이 −0.15보다 작으면 right, left 값을 각각 1, 0으로 설정하고 left 문자열을 출력합니다. 이 부분은 좌회전 주행 상태를 나타냅니다.

21~23 : 조이스틱 손잡이의 X 값이 0.15보다 크면 right, left 값을 각각 0, 1로 설정하고 right 문자열을 출력합니다. 이 부분은 우회전 주행 상태를 나타냅니다.

24~25 : 조이스틱 손잡이를 놓은 상태 또는 조이스틱 손잡이의 Y값이 −0.5에서 0.15 사이이면 주행을 멈춥니다.

2 파이썬 프로그램을 실행시킵니다. 다음은 실행 결과 화면입니다.

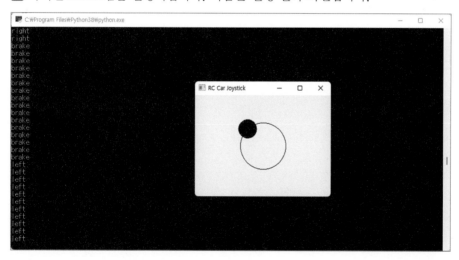

조이스틱 손잡이를 마우스로 움직여 보면서 주행 상태값이 바뀌는 것을 확인합니다.

02_ video joystick 코딩하기

여기서는 영상 수신 프로그램과 조이스틱 프로그램을 하나로 합쳐봅니다. 영상 수신 프로그램은 4장에서 살펴본 421_pi.py를 사용하고 조이스틱 프로그램은 앞에서 구현했던 joystick_dir.py 예제를 사용합니다.

1 다음과 같이 예제를 작성합니다.

video_joystick.py

```
001 from PyQt5.QtWidgets import *
002 import sys
003 import threading
004
005 from myjoystick import MyJoystick
006
007 from PyQt5 import QtWidgets
008 import socket
009 import time
010 import struct
011 import numpy as np
012 import cv2
013 from PyQt5 import QtGui
014
015 import pickle
016
017 HOST_RPI = ' 192.168.137.246 '
018 PORT = 8089
019
020 client_cam = socket.socket(socket.AF_INET, socket.SOCK_STREAM)
021
022 client_cam.connect((HOST_RPI, PORT))
023
024 t_now = time.time()
025 t_prev = time.time()
026 cnt_frame = 0
027 total_frame = 0
028 cnt_time = 0
029
030 def camMain() :
031     global t_now, t_prev, cnt_frame, total_frame, cnt_time
032
033     width = 320
```

```
034        height = 240
035        label.resize(width, height)
036
037        while True:
038
039                # 영상 보내
040                cmd = 12
041                cmd_byte = struct.pack('!B', cmd)#
042                client_cam.sendall(cmd_byte)#
043
044                # 영상 받기
045                data_len_bytes = client_cam.recv(4)
046                data_len = struct.unpack('!L', data_len_bytes)#
047
048                frame_data = client_cam.recv(data_len[0], socket.MSG_WAITALL)#
049
050                frame = pickle.loads(frame_data)#
051
052                # 영상 출력
053                np_data = np.frombuffer(frame, dtype='uint8')
054                frame = cv2.imdecode(np_data,1)
055                frame = cv2.rotate(frame,cv2.ROTATE_180)
056                frame2 = cv2.resize(frame, (320, 240))
057
058                h,w,c = frame2.shape
059                qImg = QtGui.QImage(frame2.data, w, h, w*c, \
060                QtGui.QImage.Format_BGR888)#
061                pixmap = QtGui.QPixmap.fromImage(qImg)
062                label.setPixmap(pixmap)
063
064                cnt_frame += 1
065                t_now = time.time()
066                if t_now - t_prev >= 1.0 :
067                        t_prev = t_now
068                        total_frame += cnt_frame
069                        cnt_time += 1
070                        print("frame count : %f, %d average : %f" \
071                        %(cnt_frame, cnt_time, total_frame/cnt_time))
072                        cnt_frame = 0
073
074 def cbJoyPos(joystickPosition) :
075        posX, posY = joystickPosition
076
077        # 자동차 방향
078        right, left = -1, -1
079        if posY < -0.5:
080                right, left = 1, 1
081                print('brake')
082        elif posY > 0.15 :
083                if -0.15 <= posX <= 0.15 :
```

```
084                            right, left = 0, 0
085                            print('forward')
086                elif posX < -0.15 :
087                            right, left = 1, 0
088                            print('left')
089                elif posX > 0.15 :
090                            right, left = 0, 1
091                            print('right')
092         else : # -0.5 <= posY <= 0.15
093                    pass# print('stop driving')
094
095 # Create main application window
096 app = QApplication([])
097 app.setStyle(QStyleFactory.create("Cleanlooks"))
098 mw = QMainWindow()
099 mw.setWindowTitle('RC Car Joystick')
100 mw.setGeometry(100, 100, 300, 200)
101
102 # Create and set widget layout
103 # Main widget container
104 cw = QWidget()
105 ml = QGridLayout()
106 cw.setLayout(ml)
107 mw.setCentralWidget(cw)
108
109 # Create Screen
110 label = QtWidgets.QLabel()
111 ml.addWidget(label,0,0)
112
113 # Create joystick
114 joystick = MyJoystick(cbJoyPos)
115 ml.addWidget(joystick,1,0)
116
117 camThread = threading.Thread(target=camMain)
118 camThread.start()
119
120 mw.show()
121
122 # Start Qt event loop
123 sys.exit(app.exec_())
```

003 : threading 모듈을 불러옵니다. 117줄에서 영상을 수신 받는 카메라 쓰레드 생성에 사용합니다.

007 : PyQt5 모듈로부터 QtWidgets 하위 모듈을 불러옵니다. 110줄에서 QLabel 위젯을 생성하는데 사용합니다.

013 : PyQt5 모듈로부터 QtGui 하위 모듈을 불러옵니다. 59~61줄에서 영상 이미지를 QLabel 위젯에 붙이는데 사용합니다.

015 : pickle 모듈을 불러옵니다. pickle 모듈은 50줄에서 사용합니다.

030~072 : camMain 함수를 정의합니다. 카메라 쓰레드가 수행할 함수입니다.

031 : 024~028줄에 선언된 변수를 수정하기 위해 global로 선언합니다.

033~035 : label 위젯의 크기를 재설정합니다. label 위젯은 110~111줄에서 생성되어 주 윈도우에 추가됩니다. label 위젯에 영상 이미지가 그려집니다.

058 : frame2.shape로부터 영상의 세로, 가로, 채널의 깊이값을 얻어옵니다.

059 : 영상 프레임을 QImage로 변경합니다.

060 : 이미지를 화면에 보여주기 위해 QPixmap 객체로 변환합니다.

062 : label 객체에 pixmap 객체를 그려줍니다. 이 부분에서 비디오 영상이 화면에 출력됩니다.

110~111 : QLabel 위젯을 생성하여 주 윈도우에 배치합니다. 세로 0, 가로 0 번째 위치에 배치합니다.

115 : 조이스틱 위젯을 주 윈도우의 세로 1, 가로 0 번째 위치에 배치합니다.

117~118 : camMain 함수를 수행할 카메라 쓰레드를 생성하여 구동시킵니다. 카메라 쓰레드는 영상을 수신하여 QLabel 위젯에 그려줍니다.

2 라즈베리파이에서 다음과 같이 예제를 실행합니다.

```
$ python 421_pi.py
```

다음은 실행 결과 화면입니다. 클라이언트 접속을 기다리고 있습니다.

```
Socket created
Socket bind complete
Socket now listening
```

3 PC 상에서 다음과 같이 예제를 실행합니다.

```
>python video_joystick.py
```

다음은 실행 결과 화면입니다.

비디오 영상이 수신되면서 동시에 조이스틱 입력을 받을 수 있습니다.

03_ 조이스틱 모터 제어 명령 주고 받기

여기서는 PC와 라즈베리파이 간에 조이스틱 모터 제어 명령을 주고 받는 부분을 코딩해 봅니다. 조이스틱 모터 제어 명령 수신 프로그램은 4장에서 살펴본 441_pi.py 예제를 수정하고 조이스틱 모터 제어 명령 송신 프로그램은 앞에서 구현했던 video_joystick.py 예제를 수정합니다.

03_1 조이스틱 모터 제어 명령 받기

먼저 441_pi.py 파일을 수정하여 조이스틱 모터 제어 명령을 받아봅니다.

1 다음과 같이 예제를 수정합니다.

441_2_pi.py

```
01 import socket
02 import struct
03 import cv2
04 import pickle
05 import RPi.GPIO as GPIO
06 import threading
07
08 GPIO.setmode(GPIO.BCM)
09
10 DOs = [26,27]
11
12 for DO in DOs:
13     GPIO.setup(DO, GPIO.IN)
14
15 VIDSRC = ' v4l2src device=/dev/video0 ! video/x-raw,width=160,height=120,framerate=20/1 !
videoscale ! videoconvert ! jpegenc ! appsink '
16
17 cap=cv2.VideoCapture(VIDSRC, cv2.CAP_GSTREAMER)
18
19 HOST = ' '
20 PORT = 8089
21
22 server = socket.socket(socket.AF_INET, socket.SOCK_STREAM)
23 print('Socket created')
24
25 server.bind((HOST, PORT))
26 print('Socket bind complete')
27
28 server.listen(10)
```

```
29 print( 'Socket now listening' )
30
31 server_cam, addr = server.accept()
32 server_mot, addr = server.accept()
33 print( 'New Client.' )
34
35 flag_exit = False
36 def mot_main() :
37
38     while True:
39
40             rl_byte = server_mot.recv(1)
41             rl = struct.unpack( '!B' , rl_byte)
42
43             right, left = (rl[0] & 2)>>1, rl[0] & 1
44             print(right, left)
45
46             if flag_exit: break
47
48 motThread = threading.Thread(target=mot_main)
49 motThread.start()
50
51 try:
52
53     while True:
54
55             cmd_byte = server_cam.recv(1)
56             cmd = struct.unpack( '!B' , cmd_byte)
57             # print(cmd[0])
58             if cmd[0]==12 :
59
60                     # capture sensor data
61                     right = GPIO.input(DOs[0])
62                     left = GPIO.input(DOs[1])
63                     # print(right, left)
64
65                     # capture camera data
66                     ret,frame=cap.read()
67
68                     # prepare sensor data
69                     rl = right<<1|left<<0
70                     rl_byte = struct.pack( "!B" , rl)
71
72                     # Serialize frame
73                     data = pickle.dumps(frame)
74
75                     # send sensor + camera data
76                     data_size = struct.pack( "!L" , len(data))
77                     server_cam.sendall(rl_byte + data_size + data)
78
```

```
79 except:
80     pass
81
82 flag_exit = True
83 motThread.join()
84
85 server_cam.close()
86 server_mot.close()
87 server.close()
88
89 GPIO.cleanup()
```

2 다음과 같이 예제를 실행합니다.

```
$ python 441_2_pi.py
```

다음은 실행 결과 화면입니다. 클라이언트 접속을 기다리고 있습니다.

03_2 조이스틱 모터 제어 명령 보내기

다음은 PC에서 라즈베리파이로 조이스틱 모터 제어 명령을 보내는 부분을 추가해 봅니다.

1 다음과 같이 예제를 수정합니다.

video_joystick_telnet_driving_pc.py

```
001 from PyQt5.QtWidgets import *
002 import sys
003 import threading
004
005 from myjoystick import MyJoystick
006
007 from PyQt5 import QtWidgets
008 import socket
009 import time
010 import struct
011 import numpy as np
012 import cv2
013 from PyQt5 import QtGui
014
015 import pickle
016
```

```
017 HOST_RPI = '192.168.137.246'
018 PORT = 8089
019
020 client_cam = socket.socket(socket.AF_INET, socket.SOCK_STREAM)
021 client_mot = socket.socket(socket.AF_INET, socket.SOCK_STREAM)
022
023 client_cam.connect((HOST_RPI, PORT))
024 client_mot.connect((HOST_RPI, PORT))
025
026 t_now = time.time()
027 t_prev = time.time()
028 cnt_frame = 0
029 total_frame = 0
030 cnt_time = 0
031
032 def camMain() :
033     global t_now, t_prev, cnt_frame, total_frame, cnt_time
034
035     width = 320
036     height = 240
037     label.resize(width, height)
038
039     while True:
040
041             # 영상 보내
042             cmd = 12
043             cmd_byte = struct.pack('!B', cmd)#
044             client_cam.sendall(cmd_byte)#
045
046             # 영상 받기
047             data_len_bytes = client_cam.recv(4)
048             data_len = struct.unpack('!L', data_len_bytes)#
049
050             frame_data = client_cam.recv(data_len[0], socket.MSG_WAITALL)#
051
052             frame = pickle.loads(frame_data)#
053
054             # 영상 출력
055             np_data = np.frombuffer(frame, dtype='uint8')#
056             frame = cv2.imdecode(np_data,1)
057             frame = cv2.rotate(frame,cv2.ROTATE_180)
058             frame2 = cv2.resize(frame, (320, 240))
059
060             h,w,c = frame2.shape
061             qImg = QtGui.QImage(frame2.data, w, h, w*c, \
062             QtGui.QImage.Format_BGR888)
063             pixmap = QtGui.QPixmap.fromImage(qImg)
064             label.setPixmap(pixmap)
065
066             cnt_frame += 1
```

```
067                t_now = time.time()
068                if t_now - t_prev >= 1.0 :
069                        t_prev = t_now
070                        total_frame += cnt_frame
071                        cnt_time += 1
072                        print("frame count : %f, %d average : %f" \
073                        %(cnt_frame, cnt_time, total_frame/cnt_time))
074                        cnt_frame = 0
075
076 def cbJoyPos(joystickPosition) :
077     posX, posY = joystickPosition
078
079     # 자동차 방향
080     right, left = -1, -1
081     if posY < -0.5:
082             right, left = 1, 1 # brake
083     elif posY > 0.15 :
084             if -0.15 <= posX <= 0.15 :
085                     right, left = 0, 0 # forward
086             elif posX < -0.15 :
087                     right, left = 1, 0 # left
088             elif posX > 0.15 :
089                     right, left = 0, 1 # right
090     else : # -0.5 <= posY <= 0.15
091             right, left = 1, 1 # stop driving
092
093     rl = right << 1 | left
094     print(rl)
095     rl_byte = struct.pack('!B', rl)
096     client_mot.sendall(rl_byte)
097
098 # Create main application window
099 app = QApplication([])
100 app.setStyle(QStyleFactory.create("Cleanlooks"))
101 mw = QMainWindow()
102 mw.setWindowTitle('RC Car Joystick')
103 mw.setGeometry(100, 100, 300, 200)
104
105 # Create and set widget layout
106 # Main widget container
107 cw = QWidget()
108 ml = QGridLayout()
109 cw.setLayout(ml)
110 mw.setCentralWidget(cw)
111
112 # Create Screen
113 label = QtWidgets.QLabel()
114 ml.addWidget(label,0,0)
115
```

```
116 # Create joystick
117 joystick = MyJoystick(cbJoyPos)
118 ml.addWidget(joystick,1,0)
119
120 camThread = threading.Thread(target=camMain)
121 camThread.start()
122
123 mw.show()
124
125 # Start Qt event loop
126 sys.exit(app.exec_())
```

021 : socket.socket 함수를 호출하여 TCP 통신을 수행할 수 있는 소켓을 생성한 후, client_mot 변수에 할당합니다. client_mot은 라즈베리파이 카메라 서버의 모터 소켓과의 통신을 수행하기 위해 사용합니다.

024 : connect 함수를 호출하여 client_mot와 연결합니다.

093~096 : 자동차 주행 명령을 라즈베리파이로 보냅니다.

093 : right 값을 1번 비트, left 값을 0번 비트로 만들어 rl 변수에 할당합니다.

095 : struct.pack 함수를 호출하여 rl 값을 unsigned char 형 바이트열 객체로 변환하여 rl_byte 변수에 할당합니다.

096 : sendall 함수를 호출하여 client_mot로 rl_byte를 보냅니다.

2 파이썬 프로그램을 실행시킵니다. 다음은 실행 결과 화면입니다.

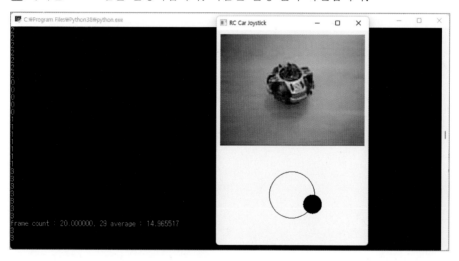

비디오 영상이 수신되면서 동시에 조이스틱 입력을 받을 수 있습니다. 조이스틱 입력값은 라즈베리파이로 전달됩니다. 다음은 라즈베리파이 시리얼 모니터 상에 출력되는 값입니다. 조이스틱을 움직이며 파이썬 출력값과 라즈베리파이 출력값을 비교해 봅니다.

04_ 자동차 주행 원격 제어하기

다음은 파이썬으로부터 전달받은 조이스틱 데이터를 이용하여 자동차를 주행시켜 봅니다. 파이썬은 WiFi를 이용하여 조이스틱 데이터를 라즈베리파이로 전달하여 자동차를 원격 주행하게 됩니다.

1 다음과 같이 이전 단원의 441_2_pi.py 예제를 수정합니다.

---

video_joystick_telnet_driving_pi.py

```
01 import socket
02 import struct
03 import cv2
04 import pickle
05 import RPi.GPIO as GPIO
06 import threading
07 from motor_control import *
08
09 GPIO.setmode(GPIO.BCM)
10
11 initMotor()
12
13 speedFwd = 30 # speed for 0~90
14 speedCurve = 60 # speed for 0~90
15
16 VIDSRC = ' v4l2src device=/dev/video0 ! video/x-raw,width=160,height=120,framerate=20/1 !
videoscale ! videoconvert ! jpegenc ! appsink '
17
18 cap=cv2.VideoCapture(VIDSRC, cv2.CAP_GSTREAMER)
19
20 HOST = ' '
21 PORT = 8089
22
23 server = socket.socket(socket.AF_INET, socket.SOCK_STREAM)
24 print( 'Socket created ')
25
26 server.bind((HOST, PORT))
27 print( 'Socket bind complete ')
28
29 server.listen(10)
30 print( 'Socket now listening ')
31
32 server_cam, addr = server.accept()
33 server_mot, addr = server.accept()
34 print( 'New Client. ')
```

```
35
36 flag_exit = False
37 def mot_main() :
38
39     while True:
40
41             rl_byte = server_mot.recv(1)
42             rl = struct.unpack('!B', rl_byte)
43
44             right, left = (rl[0] & 2)>>1, rl[0] & 1
45             print(rl[0])
46             if not right and not left :
47                     goForward(speedFwd)
48             elif not right and left :
49                     turnRight(speedCurve)
50             elif right and not left :
51                     turnLeft(speedCurve)
52             else :
53                     stopMotor()
54
55             if flag_exit: break
56
57 motThread = threading.Thread(target=mot_main)
58 motThread.start()
59
60 try:
61
62     while True:
63
64             cmd_byte = server_cam.recv(1)
65             cmd = struct.unpack('!B', cmd_byte)
66             # print(cmd[0])
67             if cmd[0]==12 :
68
69                     # capture camera data
70                     ret,frame=cap.read()
71
72                     # Serialize frame
73                     data = pickle.dumps(frame)
74
75                     # send sensor + camera data
76                     data_size = struct.pack("!L", len(data))
77                     server_cam.sendall(data_size + data)
78
79 except KeyboardInterrupt:
80     pass
81 except ConnectionResetError:
82     pass
83 except BrokenPipeError:
84     pass
```

```
85 except:
86     pass
87
88 flag_exit = True
89 motThread.join()
90
91 server_cam.close()
92 server_mot.close()
93 server.close()
94
95 exitMotor()
96 GPIO.cleanup()
```

07 : motor_control 모듈로부터 하위 함수를 불러옵니다.

09 : GPIO.setmode 함수를 호출하여 BCM GPIO 핀 번호를 사용하도록 설정합니다.

11 : initMotor 함수를 호출하여 모터를 초기화합니다. initMotor 함수는 motor_control.py 파일에 정의되어 있습니다.

13 : speedFwd 변수를 선언한 후, 30으로 초기화합니다. 여기서 30은 자동차의 전진 속도를 의미합니다. 전진 속도 값은 0~90 사이의 값을 가질 수 있습니다. 이 값은 처음에 수동 운전을 할 때 필자가 운전하기에 적합했던 값 입니다. 운전 숙련도에 따라 값을 올리거나 내려서 테스트해 봅니다.

14 : speedCurve 정수를 선언한 후, 60으로 초기화합니다. 60은 좌우회전 속도를 의미합니다. 회전 속도값은 0~90 사이의 값을 가질 수 있습니다. 이 값은 처음에 수동 운전을 할 때 필자가 운전하기에 적합했던 값입니다. 운전 숙련도에 따라 값을 올리거나 내려서 테스트해 봅니다.

44, 45 : rl[0] 값의 1번, 0번 비트 값을 각각 right, left 변수에 저장합니다.

46~47 : right와 left의 값이 동시에 00이면 goForward 함수를 호출하여 speedFwd의 속도로 전진합니다.

48~49 : right값이 00이고 left값이 10이면 turnRight 함수를 호출하여 speedCurve의 속도로 우회전합니다.

50~51 : right값이 10이고 left값이 00이면 turnLeft 함수를 호출하여 speedCurve의 속도로 좌회전합니다.

52~53 : left와 right값이 동시에 10이면 stopMotor 함수를 호출하여 모터를 멈춥니다. 이 경우는 조이스틱에서 마우스를 뗄 경우입니다.

95 : 클라이언트와의 접속이 끊어지면 exitMotor 함수를 호출하여 모터 구동을 멈춥니다.

96 : GPIO.cleanup 함수를 호출하여 GPIO 핀의 상태를 초기화합니다.

2 라인트레이서 센서를 제거하고 RC카를 도로위에 놓습니다.

❶ 라즈베리파이에 전원이 연결된 것을 확인하고, ❷ 라즈베리파이 RC카 쉴드에 전원이 연결된 것을 확인하고, ❸ 모터 전원 스위치를 켭니다.

▣ 다음과 같이 모바일 핫스팟에 라즈베리파이가 접속된 것을 확인합니다.

연결된 장치:	1/8	
장치 이름	IP 주소	물리적 주소(MAC)
raspberrypi	192.168.137.246	dc:a6:32:3b:d3:70

▣ 다음과 같이 예제를 실행합니다.

```
$ python video_joystick_telnet_driving_pi.py
```

다음은 실행 결과 화면입니다. 클라이언트 접속을 기다리고 있습니다.

```
Socket created
Socket bind complete
Socket now listening
```

▣ PC 상에서 다음과 같이 예제를 실행합니다.

```
>python video_joystick_telnet_driving_pc.py
```

다음은 실행화면입니다.

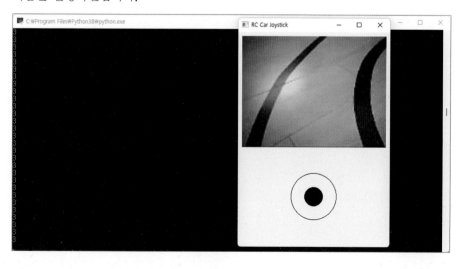

조이스틱을 움직여 RC카를 주행시켜 봅니다.

05_ 데이터 수집하기

다음은 인공지능 자율주행 RC카를 주행시키며 데이터를 수집합니다. 데이터는 주행 시 영상 데이터와 조이스틱 조종 데이터를 수집합니다. 인공지능 학습 시 영상 데이터는 CNN 인공 신경망의 입력 데이터가 되며 조종 데이터는 라벨 데이터가 됩니다. 이 예제에서는 4000개의 데이터를 수집하며 시간은 5분 정도 걸립니다. 데이터가 많을수록 인공 신경망의 학습 결과는 더 좋습니다. 그러나 학습 시간이 더 걸리게 됩니다.

이전 예제인 video_joystick_telnet_driving_pc.py 파일과 4장에서 살펴본 03_data_collection_pc.py 파일을 조합하여 예제를 수정합니다.

1 다음과 같이 예제를 수정합니다.

video_joystick_data_collection.py

```
001 from PyQt5.QtWidgets import *
002 import sys
003 import threading
004
005 from myjoystick import MyJoystick
006
007 from PyQt5 import QtWidgets
008 import socket
009 import time
010 import struct
011 import numpy as np
012 import cv2
013 from PyQt5 import QtGui
014
015 import pickle
016
017 import os
018 import csv
019
020 HOST_RPI = '192.168.137.246'
021 PORT = 8089
022
023 client_cam = socket.socket(socket.AF_INET, socket.SOCK_STREAM)
024 client_mot = socket.socket(socket.AF_INET, socket.SOCK_STREAM)
025
```

```
026 client_cam.connect((HOST_RPI, PORT))
027 client_mot.connect((HOST_RPI, PORT))
028
029 t_now = time.time()
030 t_prev = time.time()
031 cnt_frame = 0
032 total_frame = 0
033 cnt_time = 0
034 cnt_frame_total = 0
035 FRAME_TOTAL = 4000
036
037 dirname = "data.%f" %(time.time())
038 os.mkdir(dirname)
039 os.mkdir(os.path.join(dirname, "left"))
040 os.mkdir(os.path.join(dirname, "right"))
041 os.mkdir(os.path.join(dirname, "forward"))
042
043 f_csv = open(os.path.join(dirname, "0_road_labels.csv"), 'w', newline='')
044 wr = csv.writer(f_csv)
045 wr.writerow(["file","label"])
046
047 names = ['forward', 'right', 'left', 'forward']
048
049 g_rl = 0
050
051 def camMain():
052     global t_now, t_prev, cnt_frame, total_frame, cnt_time, cnt_frame_total
053
054     width = 320
055     height = 240
056     label.resize(width, height)
057
058     while True:
059
060             # 영상 보내
061             cmd = 12
062             cmd_byte = struct.pack('!B', cmd)#
063             client_cam.sendall(cmd_byte)#
064
065             # 영상 받기
066             data_len_bytes = client_cam.recv(4)
067             data_len = struct.unpack('!L', data_len_bytes)#
068
069             frame_data = client_cam.recv(data_len[0], socket.MSG_WAITALL)#
070
071             frame = pickle.loads(frame_data)#
```

```
072
073                 # 영상 출력
074                 np_data = np.frombuffer(frame, dtype='uint8')#
075                 frame = cv2.imdecode(np_data,1)
076                 frame = cv2.rotate(frame,cv2.ROTATE_180)
077                 frame2 = cv2.resize(frame, (320, 240))
078
079                 h,w,c = frame2.shape
080                 qImg = QtGui.QImage(frame2.data, w, h, w*c, \
081                 QtGui.QImage.Format_BGR888)
082                 pixmap = QtGui.QPixmap.fromImage(qImg)
083                 label.setPixmap(pixmap)
084
085                 rl = g_rl
086                 right, left = (rl & 2)>>1, rl & 1
087
088                 if not right or not left :
089                         road_file = "%f.png" %(time.time())
090                         cv2.imwrite(
091                                 os.path.join(os.path.join(dirname, names[rl]),\
092                                 road_file),
093                                 frame)
094                         wr.writerow([os.path.join(names[rl], road_file),rl])
095                         f_csv.flush()
096                         cnt_frame_total += 1
097                         if cnt_frame_total >= FRAME_TOTAL :
098                                 break
099
100                 cnt_frame += 1
101                 t_now = time.time()
102                 if t_now - t_prev >= 1.0 :
103                         t_prev = t_now
104                         total_frame += cnt_frame
105                         cnt_time += 1
106                         print("frame count : %f, %d average : %f" \
107                         %(cnt_frame, cnt_time, total_frame/cnt_time), \
108                         ", total frame : %d" %cnt_frame_total)
109                         cnt_frame = 0
110
111     print("data collection done!")
112
113 def cbJoyPos(joystickPosition) :
114     global g_rl
115     posX, posY = joystickPosition
116
117     # 자동차 방향
```

```
118        right, left = -1, -1
119        if posY < -0.5:
120                right, left = 1, 1 # brake
121        elif posY > 0.15 :
122                if -0.15 <= posX <= 0.15 :
123                        right, left = 0, 0 # forward
124                elif posX < -0.15 :
125                        right, left = 1, 0 # left
126                elif posX > 0.15 :
127                        right, left = 0, 1 # right
128        else : # -0.5 <= posY <= 0.15
129                right, left = 1, 1 # stop driving
130
131        rl = right << 1 | left
132        g_rl = rl
133        rl_byte = struct.pack( ' !B ' , rl)
134        client_mot.sendall(rl_byte)
135
136 # Create main application window
137 app = QApplication([])
138 app.setStyle(QStyleFactory.create(" Cleanlooks "))
139 mw = QMainWindow()
140 mw.setWindowTitle(' RC Car Joystick ' )
141 mw.setGeometry(100, 100, 300, 200)
142
143 # Create and set widget layout
144 # Main widget container
145 cw = QWidget()
146 ml = QGridLayout()
147 cw.setLayout(ml)
148 mw.setCentralWidget(cw)
149
150 # Create Screen
151 label = QtWidgets.QLabel()
152 ml.addWidget(label,0,0)
153
154 # Create joystick
155 joystick = MyJoystick(cbJoyPos)
156 ml.addWidget(joystick,1,0)
157
158 camThread = threading.Thread(target=camMain)
159 camThread.start()
160
161 mw.show()
162
163 # Start Qt event loop
164 sys.exit(app.exec_())
```

017 : os 모듈을 불러옵니다. os 모듈은 038~043, 090~094줄에서 디렉터리를 생성하고 파일의 경로명을 완성하기 위해 사용합니다.

018 : csv 모듈을 불러옵니다. csv 모듈은 044줄에서 사용하며 수집된 데이터를 기록하기 위해 필요합니다.

034 : cnt_frame_total 변수를 선언하고 0으로 초기화합니다. 이 변수는 수집중인 데이터의 전체 개수를 기록합니다.

035 : FRAME_TOTAL 변수를 선언하고 4000으로 초기화합니다. 이 변수는 수집할 데이터의 전체 개수를 설정합니다. 이 예제에서는 4000개의 카메라 영상 이미지와 조이스틱 데이터 쌍을 모으게 됩니다.

037 : dirname 변수를 선언하고 디렉터리 이름 문자열을 할당합니다. 디렉터리 이름은 data로 시작하며 .(점) 뒤에 현재 시간으로 끝납니다.

038 : os.mkdir 함수를 호출하여 다음과 같은 형태의 디렉터리를 생성합니다. 디렉터리의 이름은 time.time 함수를 호출한 시점의 시간이 됩니다.

> data.1643717956.848871

039~041 : os.mkdir 함수를 호출하여 다음 그림과 같은 형태의 디렉터리를 생성합니다. 여기서 os.path.join 함수는 상위 경로를 포함한 디렉터리명을 생성하기 위해 사용합니다.

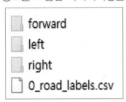

043 : open 함수를 호출하여 위 그림과 같은 0_road_labels.csv 파일을 쓰기 용으로 생성하여 f_csv에 할당합니다. 윈도우즈의 경우 csv 모듈에서 데이터를 쓸 때 각 라인 뒤에 빈 줄이 추가되는 문제가 있으며, 이를 없애기 위해 파이썬3 에서는 파일을 open 할 때 newline='' 옵션을 지정해 줍니다.

044 : f_csv 파일에 대해 csv.writer 객체를 생성하여 wr 변수에 할당합니다.

045 : writerow 함수를 호출하여 "file", "label" 문자열을 f_csv가 가리키는 파일에 씁니다. 다음과 같이 첫 번째 줄에 기록됩니다.

```
1  file,label
```

047 : names 변수를 선언하고 카메라 영상 이미지 데이터를 저장할 디렉터리의 이름을 가진 리스트로 초기화합니다.

049 : g_rl 변수를 선언하고 0으로 초기화합니다. g_rl 변수는 전역변수로 RC카 조종값을 주고받는 변수입니다. cbJoyPos 콜백 함수의 132줄에서 g_rl 값에 값을 쓰고, 쓰레드 함수인 camMain 함수의 85줄에서 g_rl 값을 읽어갑니다.

052 : camMain 함수에서 값을 변경할 전역변수입니다.

085 : g_rl 값을 rl 변수로 읽어옵니다.

086 : rl 변수의 하위 1번, 0번 비트값을 각각 right, left 변수에 저장합니다.

088 : right 값이 1이거나 left 값이 1일 때 089~098줄을 수행하여 수집한 데이터를 기록합니다. right 값과 left 값이 동시에 0인 경우는 조이스틱을 놓은 상황으로 수집한 데이터를 기록하지 않습니다.

089 : road_file 변수를 선언하고 파일 이름 문자열을 할당합니다. 파일 이름은 현재 시간으로 시작하며 .(점) 뒤에 png 확장자로 끝납니다.

090~093 : cv2.imwrite 함수를 호출하여 다음 그림과 같은 형태의 파일을 생성하고 카메라 영상 이미지 데이터를 저장합니다. 파일의 이름은 time.time 함수를 호출한 시점의 시간이 됩니다.

094 : writerow 함수를 호출하여 수집한 영상 이미지 파일 이름과 센서값을 f_csv가 가리키는 파일에 씁니다. 예를 들어, 다음과 같은 형태로 기록됩니다.

```
2   _2_left\1643717962.010081.png,2
3   _2_left\1643717962.068922.png,2
4   _0_forward\1643717962.108818.png,0
5   _0_forward\1643717962.169291.png,0
6   _0_forward\1643717962.209450.png,0
```

095 : flush 함수를 호출하여 f_csv의 내용을 디스크에 씁니다.
096 : cnt_frame_total 값을 1 증가시킵니다.
108 : cnt_frame_total 값을 출력합니다.

② 다음과 같이 RC카를 도로위에 놓습니다.

❶ 라즈베리파이에 전원이 연결된 것을 확인하고, ❷ 라즈베리파이 RC카 쉴드에 전원이 연결된 것을 확인하고, ❸ 모터 전원 스위치를 켭니다.

③ 다음과 같이 모바일 핫스팟에 라즈베리파이가 접속된 것을 확인합니다.

연결된 장치:	1/8	
장치 이름	IP 주소	물리적 주소(MAC)
raspberrypi	192.168.137.246	dc:a6:32:3b:d3:70

④ 다음과 같이 예제를 실행합니다.

```
$ python video_joystick_telnet_driving_pi.py
```

다음은 실행 결과 화면입니다. 클라이언트 접속을 기다리고 있습니다.

```
Socket created
Socket bind complete
Socket now listening
```

5 PC 상에서 다음과 같이 예제를 실행합니다.

```
>python video_joystick_data_collection.py
```

다음은 실행화면입니다.

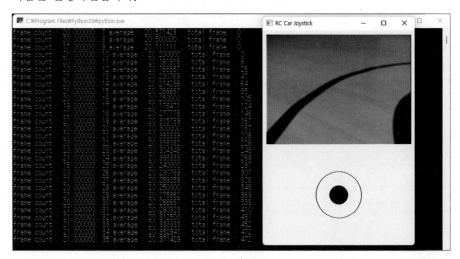

필자의 경우 4000개의 데이터를 수집하는데 5분 정도의 시간이 걸렸습니다.

※ 네트워크 통신이 원활하지 않을 경우 차량이 도로를 이탈하는 경우도 있습니다.
※ 데이터 수집 시 도로면에 되도록이면 반사광이 없도록 합니다.

6 다음과 같이 데이터 수집용 디렉터리가 생성된 것을 확인합니다.

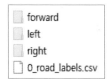

7 디렉터리의 내용을 확인합니다.

```
forward
left
right
0_road_labels.csv
```

3개의 디렉터리에는 전진 동작, 좌회전 동작, 우회전 동작에 대한 사진이 있습니다. 0_road_labels. csv 파일에는 3개의 디렉터리에 저장된 사진의 경로명과 센서 데이터값이 기록되어 있습니다.

※ 이후의 CNN 학습과 CNN 자율주행은 4장의 내용과 같습니다.